Topos-Taschenbücher
Band 224

Isnard W. Frank

Franz von Assisi

ca. 1181 – 1226

Frage auf eine Antwort

Topos-Taschenbücher

Erstveröffentlichung 1982 beim Patmos Verlag, Düsseldorf

Die Deutsche Bibliothek – CIP-Einheitsaufnahme

Frank, Isnard Wilhelm:
Franz von Assisi: Frage auf eine Antwort / Isnard W. Frank. –
1. Aufl. – Mainz: Matthias-Grünewald-Verl., 1992
  (Topos-Taschenbücher; Bd. 224)
  ISBN 3-7867-1661-7

NE: GT

Reihengestaltung: Harald Schneider-Reckels und Iris Momtahen
Umschlagfoto: Fresko von Benozzo Gozzoli (1420–1497) in der
Kirche (heute Museum) S. Francesco in Montefalco.
Gesamtherstellung: Clausen & Bosse, Leck

Inhalt

1
Ein bedenklicher Vergleich:
Franziskus – Dominikus –
Johannes Bonus

Der Heilige aus Assisi fasziniert seit seinem Auftreten die Menschen. Die an- und aufregende Erinnerung an Franziskus entwickelte im Orden der Minderen Brüder eine Dynamik, in deren Sog sich im Laufe der Jahrhunderte Gruppierungen formten und neue Gemeinschaften entstanden. Trotz Verschiedenheit und partieller Gegensätzlichkeit im Lebensstil berufen sich alle auf Franz als ihren Vater. Franziskus ist in einer einzigartigen Weise zum Vater vieler Väter geworden.

Seine Gestalt wurde auch zur Inspiration, die weit über die Klostermauern hinauswirkte. Als großer Heiliger der Kirche prägt er kirchliche Frömmigkeit. In der breiten Verehrung, die der Heilige aus Assisi findet, ist sein anregendes Gedächtnis gegenwärtig geblieben. Seine Anziehungskraft endet jedoch nicht an den »Grenzpfählen« der Kirche. Nicht erst im Zuge der ökumenischen Bewegung, sondern schon vorher galt Franz von Assisi als Heiliger der »ungeteilten Christenheit«. Auch im reformatorischen Christentum findet Franz verehrende Aufmerksamkeit, und in den sich hier und dort bildenden evangelischen klosterähnlichen Bruderschaften ist etwas von franziskanischem Vorbild zu spüren. Noch in der von institutionalisierter Disziplin und kirchlicher Lehre gelösten subjektiven

Frömmigkeit ist Franz von Assisi ein Platz eingeräumt.

»Der Armut großer Abendstern« scheint in neuer
Weise Leuchtkraft zu gewinnen. In der Besinnung
auf eine Lebensqualität, die das Sein dem Haben
vorordnet; bei der Suche nach einem »alternativen
Lebensstil«. Rilke kommt einem in den Sinn, der
über die Herrschaft der Städte klagte, »die nur das
Ihre wollen und mit den Dingen lügen, die ihnen
willig sind«; in deren Straßen die Menschen um-
hergehen, »entwürdigt durch die Müh', sinnlosen
Dingen ohne Mut zu dienen«. Als Überwinder solcher Entfremdung feiert Rilke am Schluß des Ge-
sanges »Von der Armut und vom Tode« ungenannt
den Armen aus Assisi:

> O wo ist der, der aus Besitz und Zeit
> zu seiner großen Armut so erstarkte,
> daß er die Kleider abtat auf dem Markte
> und bar einherging vor des Bischofs Kleid.
> Der innigste und Liebendste von allen,
> der kam und lebte wie ein junges Jahr;
> der braune Bruder deiner Nachtigallen,
> in dem ein Wunder und ein Wohlgefallen
> und ein Entzücken an der Erde war . . .
> O wo ist er, der Klare, hingeklungen?
> Was fühlten ihn, den Jubelnden und Jungen,
> die Armen, welche harren, nicht von fern?
> Was steigt er nicht in ihre Dämmerungen –
> der Armut großer Abendstern?

Neben diesem Gesang, der in Franz die Versöhnung von Geist und Leben, Mensch und Natur be-
wundert, erklingt in unseren Tagen in der Befrei-

ungstheologie auch noch ein »politisches« Franziskuslied. Der Anstöße und Anregungen, die vom Poverello ausgehen, sind also viele. Sie haben in ihrer Wirksamkeit nicht nachgelassen. Die Grabeskirche des Heiligen zu Assisi, diese gigantische steinerne Hülle lebendiger und anregender Erinnerung, ist bis heute ein Wallfahrtsort geblieben, eine »Stadt auf dem Berge«, zu der die Menschen pilgern. Wenn auch die oberflächliche Unstetigkeit des modernen Tourismus lärmende Betriebsamkeit in die Stätten franziskanischer Erinnerung brachte, immer noch steht man unter dem Eindruck seiner Gestalt, wenn man die Straßen seiner Wirksamkeit abschreitet und sich das Geschehen von damals vergegenwärtigt; wenn man sich durch die Stadt und die umbrische Landschaft anregen läßt, um sich zu erinnern, was einmal war. Immer noch kann es geschehen, daß das in der Erinnerung Wiederholte auf einen zukommt als Aufgabe für die Zukunft.

Dominikus:
Groß geworden durch das Werk

Kein Gedränge gibt es in San Domenico zu Bologna. In der Seitenkapelle der riesigen Ordenskirche mit dem grandiosen Grabmal, an dem die großen Künstler ihrer Zeit gearbeitet haben, wird die Andacht des frommen Verehrers kaum einmal gestört. Doch um Dominikus von Caleruega, den 1221 verstorbenen Stifter des Predigerordens, ist es nicht erst heute still geworden. Bologna ist nicht und war nie die Stadt des heiligen Dominikus, so wie Assisi immer die Stadt des Poverello war und bis heute geblieben ist.

Das mag auf den ersten Blick verwundern. Denn beide Gestalten sind durch ihre Ordensstiftungen in die Geschichte der Frömmigkeit eingegangen. Beide haben auf ihre Weise der Kirche des 13. Jahrhunderts entscheidende Impulse gegeben. Beide sind von der religiösen Bewegung ihrer Zeit geprägt. Beide verfolgen in ihrem Leben und Wirken ein ähnliches Ziel. So wenigstens wollen es die legendarischen Überlieferungen und die Liturgie wissen. Am Feste ihrer Ordensstifter besingen Dominikaner und Franziskaner das gleichgerichtete Werk mit dem Vers: »Der seraphische Vater Franziskus und der apostolische Mann Dominikus lehren uns gemeinsam den Weg des Friedens.«

Das durch verschiedene Darstellungen bekannte Traumgesicht des Papstes Innozenz III. über die dem Einsturz nahe Lateranbasilika ist als Legende in die Überlieferung beider Orden eingegangen. In den franziskanischen Quellen ist es Franziskus, in dem der Papst den unscheinbaren und unansehnlichen Ordensmann wiedererkennt, der mit seinem Rücken das rissige Gemäuer stützt; in den Quellen des anderen Ordens ist diese rettende Gestalt natürlich Dominikus. Beider Orden Überlieferungen wissen auch von einer Begegnung und Unterredung der Heiligen. Zum Zeichen ihrer Verbundenheit hätten sie ihre Gürtel ausgetauscht. Mit dem weißen Strick des Dominikus habe Franz seine braune Kutte gegürtet, mit dem braunen Gürtel Franzens Dominikus fortan seinen weißen Habit.

Dominikus habe auch zu Franziskus gesagt: »Ich wollte, Bruder Franziskus, dein und mein Orden würden zu einem einzigen vereinigt und wir würden in der Kirche nach der gleichen Lebensweise leben.« Celano, der franziskanische Legendenschreiber, beschließt die Erzählung von der Begegnung der beiden Heiligen mit den Worten, die Dominikus nach dem Weggang des Franziskus an seine Gefährten gerichtet habe: »In Wahrheit sage ich euch, diesem heiligen Mann Franziskus sollten alle anderen Ordensleute folgen; groß ist die Vollkommenheit seiner Heiligkeit« (2 Celano 150).

Die Worte des Minderbruders Celano sind aufschlußreich. Denn trotz aller Betonung der freundschaftlichen Verbundenheit beider Heiligen und des gleichen Zieles ihres »evangelischen Lebens« ist Celano sorgsam darauf bedacht, die einzigartige Besonderheit seines Ordensvaters herauszustreichen. Der größere ist für ihn ohne jeden Zweifel Franziskus. Celano hatte mit dieser Herausstellung auf seine Weise auch recht. Denn in der historischen Gegenüberstellung von Franziskus und Dominikus drängt sich die Andersartigkeit der beiden herausragenden »apostolischen und evangelischen Männer« aus den ersten Jahrzehnten des 13. Jahrhunderts auf. Es verlohnt sich, auf die Verschiedenheit näher einzugehen, um durch den Vergleich einen ersten Zugang für die Klärung der »franziskanischen Frage« zu gewinnen. Man wird nämlich gut daran tun, zunächst einmal das Besondere und Einmalige des heiligen Franziskus abzuheben von der Gestalt der franziskanischen Bruderschaft.

Franziskus machte durch die Einzigartigkeit seiner Persönlichkeit auf seine Zeit einen starken und unvergeßlichen Eindruck. Dominikus hingegen verdankt das ihn ehrende Gedächtnis vor allem seinem Werk. Dieses Werk, der Predigerorden, ist es, der Dominikus groß gemacht und seinen Namen der Nachwelt überliefert hat.

Von beiden Heiligen sind im Stil der mittelalterlichen Hagiographie Sprüche, Taten, Beispiele und Wunderberichte gesammelt und zu Lebensbeschreibungen zusammengestellt worden. Doch im Blick auf den früh einsetzenden und breiten Strom franziskanischer Überlieferung nimmt sich das, was die Ordenstradition über Dominikus bewahrt und zusammengetragen hat, wie ein schmales Rinnsal aus. Manches aus diesem Legendengut ist zudem erst nachträglich unter dem vorbildhaften Einfluß der franziskanischen Überlieferung geformt, angereichert und erweitert worden. Wenn man genau hinsieht, verbergen sich hinter den wortreichen und breiten Erzählungen stereotype und austauschbare Formeln, die man überall finden kann. Was sich aus der eingehenden Beschäftigung mit den dominikanischen Legenden der Zeit aufdrängt, ist: Dominikus hat zu Lebzeiten in den breiten Schichten des Volkes keinen besonderen Eindruck hinterlassen.

Ganz anders liegen die Dinge bei Franziskus. Das Überlieferungsgut setzt früh ein und wird in verschiedenen literarischen Gattungen auch bald schriftlich festgehalten. Es gibt da nicht nur die Auftragsarbeiten amtlicher und offizieller Legenden, sondern auch eine breite Überlieferung von

Erzählungen. Wuchernde und umformende Erweiterungen sind bereits in der mündlichen Phase der Weitergabe anzunehmen. Erst recht gilt das von schriftlichen Sammlungen, die in den Bedürfnissen der franziskanischen Gemeinschaft ihren »Sitz im Leben haben«. In dem beginnenden Streit um das »Testament« des Heiligen, was hier zu verstehen ist als Treue zu seinem Erbe, wollen die Erzählungen nicht nur sagen, wie es war, sondern wie es heute und morgen sein soll. Für dieses Anliegen werden Worte, Sprüche und Taten des Heiligen aus dem ursprünglichen Zusammenhang gerissen und einem neuen eingebunden, wird ergänzt und verdeutlicht und auch Neues erfunden.

Für die Franziskusforschung bringt die besondere Formgeschichte der Überlieferung große Schwierigkeiten mit sich. So ist bis heute keine Übereinstimmung darüber erreicht worden, wie aus dieser Überlieferung das Bild des »wahren und ursprünglichen« Franz gewonnen werden könne. Doch der Reichtum der Überlieferung verweist bei aller widersprüchlichen Vielfältigkeit auf den großen Eindruck, den der Heilige aus Assisi auf seine Zeit gemacht hat. Seine Worte und Taten prägten sich den Menschen ein und wurden von den Nachfahren als kostbares Vermächtnis weitererzählt. Franziskus bedeutete etwas für sie.

Diese Bedeutung blieb nicht auf den Kreis der Gefährten beschränkt, sondern galt auch von breiten Schichten des Volkes, mit denen Franz und seine Gefährten in Berührung traten. Seine Persönlichkeit wirkte ansteckend, weckte Vertrauen und Hoffnungen. In manchen Erzählungen der viel später erst entstandenen »Blumensträuße«, der *Fioretti*, wird man den literarischen Niederschlag davon sehen dürfen. Das einfache Volk erkannte in ihm einen der Seinen; es verehrte ihn als seinen Heiligen.

Die Kanonisation des Heiligen am 16. Juli 1228, also noch keine zwei Jahre nach seinem Tode, war nicht, wie man das immer wieder lesen kann, ein kurialer Schachzug, um mit der Glorifizierung des Poverello aus Assisi seinen gelebten lästigen und gefährlichen »evangelischen Radikalismus« zu entschärfen und, statt ihn in Reformen der Institutionen – nicht zuletzt der reichen päpstlichen Machtkirche – einzubringen, ihn umzuleiten in die sozialpolitisch wenig bedeutsame Sphäre kultischer Heiligenverehrung. Papst und Hierarchie anerkannten darin vielmehr in Übereinstimmung mit dem Volk die außergewöhnliche Persönlichkeit und den von tiefer Kirchlichkeit geprägten charismatischen Charakter Franzens.

Auch Dominikus wurde heiliggesprochen. Aber seine Verehrung ging kaum über das in der mittelalterlichen Frömmigkeit Übliche und Pflichtige hinaus. Bei der Kanonisation spielten Kirchenpolitik und Prestige eine Rolle. Erst dreizehn Jahre nach dem Tode des Ordensstifters publizierte Papst Gregor IX., der als Kardinal sowohl Franz als auch Dominikus wohlwollend zugetan war, die Kanonisationsbulle. Der Nachfolger des heiligen Dominikus in der Ordensleitung, Jordan von Sachsen (1222–1237), feierte in einem Rundschreiben an den Orden das große Ereignis.

Mit sorgfältig gewählten Worten bringt er darin

auch einen leisen Tadel den Mitbrüdern in Bologna gegenüber ins Wort. Diese hätten aus falscher Bescheidenheit und ängstlicher Gewissenhaftigkeit das Grab des Dominikus vernachlässigt und pietätlos der Unbill der Witterung ausgesetzt. Auch hätten sie die Wunder, die auf des Ordensstifters Fürbitte hin geschehen seien, verheimlicht. Wenn an diesem Tadel ein wahres Wort wäre, dann fiele er auf Jordan zurück. Denn zwischen 1221 und 1233 war er öfters in Bologna; mindestens bei den fünf Generalkapitelstagungen zwischen 1221 und 1233. Der Kapitel wie auch seine Pflicht wäre es gewesen, der pietätlosen Nachlässigkeit des Bologneser Konventes dem Stifter gegenüber zu steuern. Doch der Tadel ist nur als nachträgliche Rechtfertigung zu verstehen. Die zunächst noch kleine Gemeinschaft von Predigerbrüdern hatte in den zwanziger Jahren Wichtigeres zu tun, als das Grab ihres Stifters zu pflegen und dessen Heiligsprechung vorzubereiten.

Zudem gab es an Dominikus nichts Außergewöhnliches, das einer feierlichen Bestätigung bedurft hätte. Die Herzen des Volkes in Bologna und anderen oberitalienischen Städten dürfte der Fremde aus Kastilien bei seinen kurzen Aufenthalten kaum gewonnen haben. Die große Mehrheit der Bologneser interessierte sich über Jahre hinweg nicht für seinen Leichnam als kostbare Reliquie, die die Stadt als Unterpfand himmlischen Wohlwollens in ihren Mauern barg!

Dessen wurden sich podestà und Volk von Bologna erst in einer abgestimmten Friedensaktion des Jahres 1233 bewußt. Johannes von Vicenza, der wortgewaltige Bußprediger der oberitalienischen Dominikaner, wurde in die Stadt geschickt, um durch seine Predigten der durch Parteigezänk zerfahrenen Lage der Stadt ein Ende zu bereiten und durch die Weckung religiösen Enthusiasmus' die Zerstrittenen wieder zu versöhnen. In dieses religiös-politische Konzept war auch Dominikus eingeplant. In feierlicher Form wurden die Gebeine des 1221 Verstorbenen in die inzwischen errichtete neue Ordenskirche übertragen. Jetzt setzten die Bemühungen der Stadt um eine Heiligsprechung ein, und Jordan von Sachsen, der als Ordensmeister ein besonderes Interesse an der Kanonisation gehabt haben dürfte, besann sich auf das Leben und Wirken des Ordensstifters. Er trug das Wenige, was er davon wußte und durch andere in Erfahrung bringen konnte, in dem *Büchlein von den Anfängen des Predigerordens* zusammen.

Das Motiv von allem liegt klar zutage. Auch die Dominikaner wollten einen Heiligen als Stifter verehren dürfen wie die Minoriten. Diese konnten mit der Kanonisation des Antonius von Padua (30. Mai 1232) sogar auf einen zweiten Heiligen aus ihren Reihen hinweisen. Der schnelle Aufschwung des Predigerordens war es, der den Wunsch nach einer Kanonisation wach werden ließ, und das Bewußtsein der Dominikaner, ein »Ordo« von Bedeutung zu sein, ließ es nicht mehr zu, in dieser Beziehung den Franziskanern nachzustehen. Dieses Selbstbewußtsein schuf auch jene psychologische Disposition, die an ein angebliches Versäumnis in der Pietät dem verstorbenen Ordensstifter gegenüber glauben ließ. Damit konnte man die im Verhältnis zu den Franziskanern späte Heiligsprechung des Dominikus erklären.

An der Kurie und in den dem Orden wohlwollend gegenüberstehenden kirchlichen Kreisen wird man ähnlich gedacht haben. Der ironische und bissig auf die Dominikaner schielende, um 1280 schreibende Minorit Salimbene machte dazu sehr drastische Andeutungen. Bischof Wilhelm von Modena habe nach der Kanonisation des heiligen Franziskus zu den ihm freundschaftlich verbundenen Dominikanern gesagt: »Nachdem die Minderbrüder ihren Heiligen haben, besorgt euch auch einen; und wenn ihr ihn aus Spreu zusammenkehren müßtet!« Geradezu gehässig läßt er Johannes von Vicenza bei einem Streit mit dem Bologneser Konvent sagen: »Ich habe *euren* Dominikus, den ihr zwölf Jahre lang vergessen in seinem Grab liegen ließet, emporgehoben und gefeiert; wenn ihr von eurer Streitsucht nicht laßt, dann will ich euren Heiligen heruntermachen!« Wenn an diesen giftigen Bemerkungen Salimbenes etwas Wahres sein sollte, dann natürlich nur in der Weise, daß der Prediger Johannes mit dem Vorwurf »euer Dominikus« den Unterschied zwischen Gesamtorden und Bologneser Konvent herausstreichen wollte; das heißt, daß die durch seine Aktion angestrebte Heiligsprechung des Ordensstifters in erster Linie dem Bologneser Konvent zugute komme; der Gesamtorden jedoch auch ohne einen heiliggesprochenen Dominikus sich weiterhin entfalten könne. Im Wort des Bischofs von Modena dürfte jenseits salimbenischer Bosheit der Orden auf sein Prestige hin angesprochen worden sein.

Die Hinweise auf die Umstände der Heiligsprechung des Stifters des Predigerordens tragen zu unserer Thematik nur indirekt bei. Sie bilden den Hintergrund für das Verhältnis von Person und Werk, das ein anderes war bei Dominikus und Franziskus. Dominikus ging gleichsam ganz auf in seinem Werk, dem Predigerorden. Dieser war es, der seinen Stifter »aufhob«. Auch Franziskus wurde in seinem Orden »aufgehoben«; aber nicht ganz. Franz war mehr als sein Werk. Der Poverello zog mit seiner Lebensweise schon früh gleichgesinnte Gefährten an, die rasch zu einer großen und einige tausend Mitglieder zählenden Bruderschaft anwuchs. Die Gemeinschaft des Predigerordens dagegen zählte beim Tod des Stifters etwa 200 bis 300 Mitglieder; im Vergleich also zu den Franziskanern war das noch eine kleine Gruppe.

Doch nach allem, was man weiß, muß man annehmen, daß es sich bei den Predigerbrüdern um eine einigermaßen homogene Gruppe handelte, um eine Art Elite mit klarem Ziel und umschriebener Aufgabe. Denn so wenig historisch nachtastbares Profil die Persönlichkeit des kastilischen Ordensgründers auch haben mochte, eine auf seine Weise starke Persönlichkeit war er dennoch. Dominikus gehört zu jenen kraftvollen Gestalten, die wissen, was sie wollen, und auch wollen, was sie wissen. Er wollte einen Orden gründen: eine straff organisierte Klerikergemeinschaft, die durch ihren Predigtdienst der Hierarchie bei der Evangelisation helfen sollte. Nach tastenden Versuchen seit 1206 war dieser Plan 1215 in Umrissen zu erkennen. In den Jahren bis 1221 wurden die Ansätze ausgezogen und in der Praxis bereits erprobt. Mit der aus der monastisch-kanonikalen Tradition übernommenen Augustinusregel und den dazu gehörenden Konstitutionen, die den neuen Bedürfnissen angepaßt und weiterentwickelt wurden, band er seinen Entwurf monastischen Lebens- und Aktionsstils der Tradition ein, von der er als Kanoniker des Domstiftes Osma geprägt war. Das auf den ersten Blick so konservative Gehäuse seines Ordens war jedoch von den großen Gedanken und zukunftsweisenden Ideen der Zeit geprägt.

Da wurde der intellektuelle Aufbruch der geistigen Elite Europas zu Beginn des 13. Jahrhunderts berücksichtigt. Diese intellektuelle Bewegung führte zu neuen wissenschaftlichen Methoden und neuen Schulen, den Universitäten. Dominikus suchte die Verbindung mit den Zentren des intellektuellen Lebens. Er gründete an Orten mit berühmten Schulen Konvente, um den Kontakt mit den Universitäten herzustellen. Darüber hinaus fand die intellektuelle Ausrichtung in der Verpflichtung zum Studium einen wichtigen Ausdruck: gedacht als Ausbildung des Anfängers und als ständige asketische Aufgabe. »Frömmigkeit und Wissenschaft« kann man zu dieser Pflicht sagen. Die alte monastische weltflüchtige Askese wurde umgepolt zur asketischen wissenschaftlichen Anstrengung. Das Ethos einer neuen aus den aufsteigenden sozialen Schichten und an die Schulen drängenden geistigen Elite wurde im dominikanischen Programm aufgegriffen: Aufstieg durch Wissen und Leistung; Promotion nicht durch den Adel der Geburt, sondern den Adel des erworbenen Wissens.

Beweglichkeit und Einsatzfähigkeit gehörten als wichtige Merkmale zum neuen monastischen Modell. Eine solche ortsungebundene Verfügbarkeit ließ sich nur durch Ablösung von Haus und Besitz, also vom Kloster alten Zuschnitts, erreichen. Die monastische Armut als gemeinsame Besitzlosigkeit gehörte dazu. Armut natürlich als spiritueller Wert, doch auch als Funktion: im Dienste des apostolischen Einsatzes, des Studiums und auch der Bruderschaft.

Die wesentlichen Impulse für diese Struktur des ortsunabhängigen Personenverbandes gingen von den neuen Korporationen genossenschaftlicher Selbstverwaltung aus: den städtischen Gilden, Einungen und den studentischen Zusammenschlüssen zu »Universitäten«. Zu dieser Selbstverwaltung gehörte die Gleichheit aller Genossen und ein bloß funktionales Verständnis des Amtes durch dafür berufene Mandatare. Amt also und in jedem Fall als Dienst und Auftrag. Die unabdingbare Voraussetzung für die Durchsetzbarkeit der »demokratischen« Selbstverwaltung war eine Verfassung, die alle Einzelheiten der korporativen Belange und des gemeinsamen Lebens regelnd erfaßte. Verfassung also als positives Gesetz, das jeden band; den Untergebenen wie den Oberen. Ein Gesetzeswerk zudem, das anders als ein geheiligter Regeltext den neuen Bedürfnissen angepaßt, verändert und erweitert werden konnte. Denn zu diesem Konstitutionalismus gehörte die Auffassung, daß die Gesamtheit Träger der Legislative sei. Wohl aus diesem Grunde ging die erste Generation der Predigerbrüder mit dem Text der noch von Dominikus erarbeiteten Konstitutionen ohne besondere Sorgfalt um. Warum sollte man seine Verfügungen in dieser und jener Einzelheit weitertradieren, wenn später das Generalkapitel als Repräsentant der Gesamtheit und Exekutor der Legislative anders entschied?

In den knappen sieben Jahren, die Dominikus für den Aufbau seiner Gemeinschaft blieben, wurden wenigstens dem Ansatz nach alle konstitutiven Elemente in die Verfassung eingebracht. Als er seine Meisterschaft aus den Händen legen mußte, geriet das Werk in keine Krise. Mit sicherer Hand führte der noch jugendliche Jordan von Sachsen, der erst 1220 zur Gemeinschaft gestoßen war, das Verfassungswerk zu einem ersten Abschluß. Die praktische Bewährung des neuen Ordensmodells gelang, der Erfolg stellte sich ein. Der Ordo fratrum praedicatorum war am Ende der zwanziger Jahre des 13. Jahrhunderts im Begriff, ein bedeutender Orden zu werden, der den zwar zahlenmäßig um vieles größeren Minderbrüderorden an Einfluß und Effizienz überflügelte.

Verfassung und geistige Mentalität des Predigerordens fingen an, auf die Gemeinschaft der Minderbrüder abzufärben. Natürlich überstrahlte im Orden das Vorbild des heiligen Franziskus alles, aber vor dieses Personvorbild schob sich das Werkvorbild des anderen Bettelordens. Der Minderbrüderorden glich sich seit den dreißiger Jahren des 13. Jahrhunderts in Mentalität und Verfassung dem Predigerorden an. Da in dessen Verfassung und Zielsetzung jedoch auch nur die Gedanken der Zeit aufgegriffen und angeeignet worden waren, um damit den neuen gesellschaftlichen, kulturellen und religiösen Bedürfnissen der Menschen zu entsprechen, wird man die sich anbahnenden bedeutsamen Modifizierungen im Minderbrüderorden als Schritt auf diese Bedürfnisse hin zu interpretieren haben.

Die Annäherung beider Orden in Mentalität und Verfassung, die in den Bereichen der Tätigkeit und gesellschaftlichen Funktionalität bis zur Austauschbarkeit der Rollen reichte – was so viel bedeutet, daß es um 1250 herum im Prinzip gleich war, welcher der beiden Bettelorden in einer Stadt tätig wurde – , fand nun auch in der literarischen Überlieferung verstärkt Niederschlag. Austauschbare Bezüge fanden Eingang in die Legenden beider Heiligen: Beide Orden haben die gleiche Aufgabe. Beide Ordensstifter also können im Traumgesicht des Papstes auftreten; es kann der eine den Wunsch nach Vereinigung beider Gemeinschaften aussprechen. Celano, der dazu oben zitiert wurde, mochte bei diesem Wunsch seine eigenen Vorstellungen gehabt haben und hätte den Gedanken, seine Gemeinschaft habe Neues und Fremdes in das Erbe Franzens eingebracht, weit von sich gewiesen. Das jedoch war der Fall. In der Verbindung von personbezogenem franziskanischem Erbe und werkbezogener »Bereicherung« durch die Angleichung an den Predigerorden und damit an die Zeitbedürfnisse besteht, historisch gesehen, das »franziskanische Problem«, von dem in anderem Zusammenhang noch zu sprechen sein wird. Aus diesem Abschnitt gilt es dafür festzuhalten: Nur eine Gemeinschaft vom Zuschnitt des Predigerordens hatte in der Gesellschaft des 13. Jahrhunderts Aussicht auf Erfolg und Einfluß.

Johannes Bonus: Widerstand gegen die Entwicklung

Franz von Assisi wird durch die Jahrhunderte als der unvergleichliche Heilige gefeiert und verehrt. Schon früh wurde in der franziskanischen Franzverehrung die Konfiguration mit Christus zum großen Thema der Hagiographie. So berechtigt im Blick auf die besondere Christusnachfolge des Heiligen aus Assisi die Heraushebung auch sein mag, man darf sich dennoch vom Glanz literarischer und liturgischer Franziskusverehrung nicht ganz blenden lassen.

Denn was Franziskus nach seiner Bekehrung suchend fand und mit Konsequenz lebte, haben andere mit gleicher Entschiedenheit auch getan. Viele dieser Befolger der zeitgenössischen asketischen Nachfolge Jesu wurden wieder vergessen und sind nur noch den Fachleuten bekannt. Da gab es zum Beispiel einen Kaufmannssohn aus Mantua; Johannes Bonus nannte man ihn nach seiner Bekehrung, die ins Jahr 1208 fällt. Der Zeitgenosse des Poverello führte fortan in dem Flecken Budriolo bei Cesena ein strenges Bußleben in entbehrungsreicher freiwilliger Armut bis zu seinem Tode 1249. Wie Franz verband auch Johannes Bonus sein Leben in evangelischer Armut mit der apostolischen Wanderpredigt. Von Zeit zu Zeit verließ er die Einsiedelei, um das Bekehrungs- und Bußwort an die Häretiker und an die im Glauben Lauen zu richten. Auch suchte er die im Parteienstreit zerrissenen Kommunen zur Friedfertigkeit des Evangeliums anzuhalten.

Um den ungebildeten Laienprediger und Büßer, der nie eine kirchliche Weihe empfing, sammelten sich bald Gleichgesinnte aus Vertretern aller Stände. Im Verlauf der Jahre dehnte die Bruderschaft, die sich durch kirchliche Frömmigkeit und bewußte Kirchentreue auszeichnete, ihre Buß- und Bekehrungspredigt nach Oberitalien aus. Unter dem Zwang der religiösen Bedürfnisse und Ansprüche dieser städtereichen Landschaft lockerte sich zugunsten von Predigt und Lehre die asketische Strenge des eremitischen Lebensstils der Einsiedelei von Budriolo. Das klerikale Element gewann in den neu errichteten oberitalienischen Provinzen die Oberhand. Mit der um 1225 auf Erlaubnis Gregors IX. hin angenommenen Augustinusregel beschritt man den Weg zu einem Bettelorden vom Zuschnitt der Dominikaner.

Der »gute Johannes« hat diese Entwicklung zu einer verfaßten und durch ihre Funktionen der Kirche und der Gesellschaft dienenden Gemeinschaft nicht gutgeheißen. »Wegen der wachsenden Zahl der Untergebenen« habe er, wie es in der Überlieferung heißt, die Leitung der Brüderschaft abgegeben. Die mit ihm in Budriolo verbliebenen Getreuen wollten das arme und asketische Leben des Anfangs fortführen und damit den anderen Spiegel, Mahnung und Richtschnur bleiben.

Zum Leiter des Gesamtordens ernannte Johannes den Frater Matteo aus Modena. Nach dem Tode des Stifters berief Matteo ein Generalkapitel ein. Er hoffte, daß der Gesamtorden die vom Stifter vorgenommene Designation bestätigen werde. Doch die in den Städten bereits heimisch gewordene Mehrheitspartei überstimmte den konservativen Flügel von Budriolo. Die Gemeinschaft spaltete sich und wurde für einige Jahre von zwei rivalisierenden Generalprioren geleitet. Das Schisma konnte zwar 1252 wieder beigelegt werden. Doch durch den Streit um den richtigen Lebensstil war das Andenken des Johannes Bonus so verdunkelt worden, daß alle späteren Anläufe zu einer Kanonisation des Stifters der Johannboniter vergeblich blieben. Zudem war das Prestige der Gemeinschaft durch den Streit so in Mißkredit gebracht worden, daß sie mit anderen als entwicklungsunfähig eingeschätzten Eremitengemeinschaften 1256 auf Geheiß Alexanders IV. mit dem Orden der Augustinereremiten vereinigt wurden.

Das Gedächtnis des »guten Johannes« wurde von niemandem mehr gepflegt und weitergetragen. Er wurde vergessen. Die Geschichte hätte auch einen anderen Verlauf nehmen können, wenn dieser Ordensstifter, der in seinem äußeren Lebensstil und Lebensgeschick dem heiligen Franziskus nicht unähnlich war, auch etwas von dessen charismatischer Begabung und gelassener Offenheit besessen hätte. Doch der Gründer der Johannboniter und sein Anhang beharrten auf dem Status des Anfangs. Verschlossen in diesen glaubten sie die eigene Identität und die der Stiftung bewahren zu können.

Die Minoriten hatten Erfolg und wurden zum er-

folgreichsten und größten mittelalterlichen Bettelorden. Haben sie im Erfolg das Erbe verspielt? Auf
den ersten Blick scheint es so. Man schaue sich nur
um in der Heimatstadt des Poverello. Wohin man
blickt – mit Ausnahme von San Damiano – , wich
schon bald die ursprüngliche Einfachheit pompö-
ser Mächtigkeit. Welches Ungetüm von Steinmas-
sen wurde für den Sacro Convento über dem Grab
des Heiligen aufgeschichtet! In den Städten, in denen sich die Minderbrüder bald heimisch wußten,
sieht es nicht anders aus. Die notdürftigen Unter-
künfte der »Pilger und Fremdlinge« wandelten sich
binnen kurzer Zeit zu imposanten und weiträumi-
gen Klosteranlagen, die großartige Kirchen krön-
ten. So zu bauen vermochte nur ein einflußreicher
Orden mit Privilegien, Exemtionen und vielfältigen
Beziehungen zu den Mächtigen und Reichen der
Welt. In diesen Bauten spiegelte sich eine Institution, die Herrschafts- und Machtwissen produzier-
te und der etablierten oder sich etablierenden herrschenden Klasse zur Verfügung stellte, in der es
Studenten und Professoren gab, Prediger und
Hierarchen. Manche sogar weit oben, wie Heinrich
Knoderer, der als Vertrauter von König Rudolf von
Habsburg zuerst zum Bischof von Basel, dann zum
Erzbischof von Mainz (1275-1286) und damit zu ei-
nem der großen Reichsfürsten befördert wurde.
Handgreiflich ist der Widerspruch von Anfang und
Entwicklung zu spüren in Santa Maria degli Angeli
in der Ebene von Assisi. Über der Stätte der »Mat-
tenkapitel« erhebt sich ein herrschaftlicher Kir-
chenbau von riesigen Ausmaßen. Freilich, die alte
und durch Franzens Leben geheiligte Portiuncula-

Kapelle ließ man stehen; eingeschlossen in das Gehäuse der darüber errichteten Kirche. Also auch diese heilige Stätte franziskanischer Ursprünglichkeit und evangelischer Einfachheit vereinnahmt von der »Großkirche«? Vereinnahmte Lebendigkeit, oder – denn auch daran könnte man denken – beschützte Ursprünglichkeit? Ort, an dem das Gedächtnis an das, was einmal war, lebendiggehalten wird?

Ganz abwegig ist ein solcher Gedanke nicht. Denn gefeiert wurde der Heilige in den neuen Bauten nicht wenig. Und die legendarische Überlieferung brach nicht ab. Ganz im Gegenteil. Man fing an, das zerstreute mündliche oder schriftliche Erzählungsgut über den Heiligen zu sammeln und zu ordnen und damit der Nachwelt zu überliefern. Freilich, man paßte es auch den gewandelten Auffassungen an und diktierte ein offizielles Franziskusleben, das in seiner Verbindlichkeit alleingültig sein sollte. Neben dieser offiziellen und liturgisch zu feiernden Franziskusgeschichte sollte es keine andere mehr geben dürfen. So wenigstens verfügte es das Generalkapitel von Paris 1266, das nach dem Erscheinen des von Bonaventura verfaßten *Großen Franziskuslebens* die früheren Sammlungen und Lebensbeschreibungen zu vernichten befahl.

Nicht alle Minderbrüder kamen dem Aufruf zur Vernichtung der älteren Überlieferung nach. Denn eine Gruppe in der großen franziskanischen Gemeinschaft war mit der Entwicklung der vergangenen Jahrzehnte nicht einverstanden. Die unentwegte Minderheit sorgte sich um das »Testament« des Heiligen. Sie wollte es erfüllen und den Orden in der Gestalt bewahren, die ihrer Meinung nach Franziskus vorgeschrieben hatte.

Diese Entschiedenen, aus deren Kreisen sich die Opposition der Spiritualen formte, werden in vielen geschichtlichen Darstellungen der franziskanischen Bewegung mit großer Sympathie beschrieben. Man sieht in ihnen gerne die treuen Wahrer von Franzens Erbe. Doch näher liegt es, bei ihnen an die Getreuen des »guten Johannes« in Budriolo zu denken, die im Bewahren erstarrten und von der Entwicklung überholt wurden. Keine der im asketisch-eremitischen Milieu der Bußbewegung der Zeit entstandenen neuen Gemeinschaften, wollten sie nicht ins Abseits gedrängt werden, blieb ihren »ursprünglichen Zielsetzungen« treu. Karmeliten, Augustinereremiten, Serviten und »Brüder von der Buße Jesu Christi« wandelten sich und näherten sich in Verfassung, Mentalität und Funktion dem den Zeitbedürfnissen entsprechenden Modell des Predigerordens an. Warum sollten die Franziskaner in diesem allgemeinen Trend eine Ausnahme bilden? Auch sie entfernten sich vom Ursprung und gingen mit der Zeit. Ihren Stifter freilich nahmen sie mit.

Es wiederholte sich in der Geschichte der Bettelorden, besonders der Minderbrüder, die sich mit Franz von Assisi auf eine herausragende Persönlichkeit als Stifter berufen konnten, ein die vorausgehende monastische Geschichte prägender Vorgang.

Das abendländische Mönchtum des beginnenden Mittelalters hatte den eigenartigen und kühnen Mut, sich auf Benedikt, den »Vater des abendländischen Mönchtums«, zu berufen. Im karolingischen Großkloster – etwa vom Zuschnitt St. Gallens, St. Riquiers oder Lorschs – war es in allem den Bedürfnissen und Erwartungen der Zeit eingepaßt. Es stand im Dienst der Gesellschaft in religiöser, kultureller, sozialer und wirtschaftlicher Hinsicht. Dadurch wurde es zu einem wichtigen Pfeiler des Karolingerreiches und seiner Kultur. Der spirituelle Grundtext dieses der Welt integrierten Reichsmönchtums war die Benediktregel. Also eine im 6. Jahrhundert geschriebene Mönchsregel, die unter ganz anderen Voraussetzungen verfaßt und auf sehr bescheidene Ziele ausgerichtet war. Man kann sich fragen, was eine solche Regel – verfaßt für eine kleine Gemeinschaft frommer Laienmönche, die in Weltabgeschiedenheit unter der Leitung eines im geistlichen Leben erfahrenen Abtes in Gehorsam und brüderlicher Liebe Gott suchen – mit dem karolingischen Reichskloster zu tun hat. Darauf kann man natürlich sagen: Benedikt von Nursia hat mit dem karolingischen St. Gallen so wenig zu tun wie der heilige Franziskus mit Santa Croce in Florenz oder jedem anderen städtischen Minoritenkloster des Mittelalters. Aber diese Auskunft bliebe im Vordergründigen stecken.

Der große Organisator des karolingischen Reichsmönchtums, Benedikt von Aniane († 821), hätte zur Disziplinierung und regulierenden Uniformierung des von verschiedenen monastischen Traditionen geformten frühmittelalterlichen abendländischen Mönchtums auch eine andere der in Spätantike und Frühmittelalter geschriebenen Mönchsregeln als Norm vorschreiben können. Der »Vater des abendländischen Mönchtums«, Benedikt von Nursia, wäre dann geblieben, was er in Wirklichkeit war: ein von seinen Zeitgenossen unbeachteter frommer Mönch und Vater einiger mittel- oder süditalienischer Mönchsgemeinden. Eingebracht in das abendländische Reichsmönchtum, lebte jedoch Benedikt mit seiner Regel fort. Sie wurde zwar zugedeckt durch Normen und Formen von Zusätzen und Erklärungen. Dem Frühmittelalter kamen diese wie eine authentische Auslegung der Regel vor. Mit dem Wandel der soziokulturellen Bedingungen im 11. Jahrhundert büßten die Erklärungen ihre Überzeugungskraft ein. Neue monastische Zentren entstanden, die sich an nichts anderes als an das »reine Wort« der Regel halten wollten.

Der Verweis auf Benediktregel und karolingisches Mönchtum ist natürlich nur in gewisser Weise zum Vergleich für das Verhältnis Franziskus – Minoriten heranzuziehen. Auf zwei miteinander zusammenhängende Sachverhalte ist jedoch hinzuweisen.

Erstens: Die Bildung der Bettelorden als neuer Typ in der monastischen Formgeschichte entsprach verschiedenen Bedürfnissen des 13. Jahrhunderts, so wie im Frühmittelalter die disziplinierende Uniformierung des Mönchtums mit der Benediktregel den Bedürfnissen der Zeit entgegenkam. Wie Benedikt von Aniane nur eine seit langem schon wirksame Tendenz der Vereinheitlichung des Mönchtums aufgriff und mit einer Art von Verfassungsgesetz des karolingischen Reiches besiegeln ließ, so sind die Bettelorden als verfassungsmäßiger Ausdruck der Weiterentwicklung des Mönchtums zu deuten. In anderen Worten ist mit diesem Hinweis gesagt:

Bettelorden wären im 13. Jahrhundert auch ohne Franziskus und Dominikus entstanden.

Zweitens und als Folgerung aus der ersten Feststellung: Das Verhältnis von Stifter und Werk ist in diesem Kontext zu deuten. Die Persönlichkeit des Stifters und sein Werk sind als zwei verschiedene (wenn auch zusammengehörende) Themen zu betrachten. Dieser Doppelaspekt gilt vor allem im Blick auf die franziskanische Bewegung. Das Personideal des heiligen Franziskus prägte zwar das Sach- und Werkideal. Dieses jedoch geriet zwangsläufig, wollte es effizient werden, in den Sog der sich nach soziokulturellen Bedingungen und Bedürfnissen entwickelnden monastischen Bewegung. In der Umformung der franziskanischen Bruderschaft zu einem Bettelorden gewann diese Eigengesetzlichkeit Einfluß auf das franziskanische Werkideal.

Das Ergebnis unseres »bedenklichen Vergleiches« ist nun zusammenzufassen und in die Gliederung der folgenden Ausführungen einzubringen. In dem Abschnitt über Dominikus sollte auf den Unterschied von Person- und Werkideal aufmerksam gemacht werden. Anders als die Person hängt die geschichtliche Wirksamkeit des Werkes von den aufgegriffenen und angeeigneten Tendenzen der Zeit ab. Der Predigerorden kann als Beispiel für diesen Zusammenhang angeführt werden. Denn in diesen Verband wurden die Tendenzen eingebracht, die die monastische Entwicklung seit der zweiten Hälfte des 12. Jahrhunderts bestimmten. Als eine Art Gegenbeispiel dazu wurde kurz die Gestalt des Johannes Bonus und seiner Getreuen im zweiten Abschnitt eingeblendet. Die daraus zu ziehenden verallgemeinernden Folgerungen im Blick auf die Ordensgeschichte des 13. Jahrhunderts dürften klar sein: Asketische Gruppen, die sich den Tendenzen der Zeit widersetzten, blieben ohne Chancen. Nach kurzer oder längerer Zeit gingen sie entweder in einem der erfolgreichen neuen Orden auf, oder bildeten sich unter Ausscheidung der mit diesen verwandten Elementen zurück zur älteren eremitisch-asketischen Lebensweise. Zuweilen sonderten sich solche Gruppen im Widerstand gegen den Integrationssog des gesellschaftlichen Systems der Zeit auch ab. Sie verständigten sich dabei auf ein »Ursprungsideal«, das ihnen in der Verfolgung die Identität gab. Doch das dafür nachgezeichnete Ideal hatte mit dem Anfang nur noch wenig zu tun. Die Stiftergestalt wurde neu und anders gedeutet. Das gilt besonders von den franziskanischen Spiritualen seit der zweiten Hälfte des 13. Jahrhunderts. Deren bewegte Geschichte ist nicht mehr Gegenstand der folgenden Überlegungen.

Der heilige Franziskus war nun freilich als Persönlichkeit von einem anderen Format als Johannes Bonus und auch als Dominikus. Dennoch war auch die von ihm entfachte franziskanische Bewegung der monastischen Entwicklungsgeschichte eingebunden. Entlang den aufgezeigten Linien und Möglichkeiten verlief die Entwicklung der franziskanischen Bewegung. So kann und muß auch bei ihr zwischen Person- und Werkideal unterschieden werden. In den sich anschließenden Kapiteln wird darum zuerst vom Heiligen aus Assisi und dann von seiner Bruderschaft gesprochen werden. Deren Form und Inhalt blieben während der Entstehungsphase ganz von der Person Franzens bestimmt. Auf den ersten Blick scheint deshalb die franziskanische Bruderschaft der Anfänge nichts mit den vorausgehenden Orden gemeinsam gehabt und sich auch außerhalb der Zeittendenzen bewegt zu haben. Um diesen vordergründigen Eindruck zu korrigieren und die Verbindung der franziskanischen Bewegung mit der monastischen Entwicklung, die nur in ihrer Bezogenheit auf die jeweiligen gesellschaftlichen Bedingungen und Bedürfnisse hin richtig verstanden werden kann, aufzudecken, ist anschließend ein Rückgriff auf deren Geschichte unerläßlich. Von ihrem Sog erfaßt, wandelte sich die franziskanische Bruderschaft des Anfangs zum erfolgreichen Orden der Minderen Brüder.

2
Frömmigkeit und Gotteserfahrung des heiligen Franziskus

Befaßt man sich mit dem Leben des Heiligen aus Assisi und versucht man, die Einzelheiten in plastische und farbige Anschaulichkeit zu fassen, so hat man Mühe, sich der suggestiven Schönheit der Franziskuslegenden zu entziehen. In immer neuer Ausformung und Verdichtung rankt sich das Erzählungsgut um die Gestalt des Heiligen. Je größer der historische Abstand zu Franziskus wird, desto mehr »Wahrheiten« werden durch Bilder, Anekdoten und Beispiele dem Leben des Heiligen eingebunden und in den Dienst bestimmter Absichten gestellt. Das gilt bereits von der ersten Lebensbeschreibung, die der Minderbruder Celano 1228/29 verfaßte. Franziskus wird als vollkommene Erfüllung der Ordensregel dargestellt und als Vollendung des altmonastischen Ideals des »engelgleichen Lebens« verstanden. Mit erstaunlicher Meisterschaft verarbeitet dafür Celano die wichtigen Figuren und Schemata der literarischen Tradition in seiner Darstellung.

Celano wies mit seiner Deutung der lebendigen Franziskus-Erzählung nicht eine Richtung, die zu einer grundsätzlichen Mißdeutung Franzens führen mußte. Denn die Zugehörigkeit des Heiligen aus Assisi zur monastisch-asketischen Bewegung dürfte kaum in Zweifel zu ziehen sein. Eine nicht-asketische Auslegung des Franziskuslebens käme einer Art von »Entmythologisierung« gleich, die von Franziskus nur noch eine ausgebrannte Hülle übrigließe. Doch ist nicht zu übersehen, daß bereits in der Deutung Celanos die historische Individualität und Besonderheit des Poverello anfängt, sich in die Allgemeinheit der monastisch-asketischen Lebensweise hineinzuverlieren. Die »Wahrheiten« des Ideals drängen sich in den Vordergrund. Am Ende der Entwicklung haben dann die »allgemeinen Wahrheiten« den historischen Träger überhaupt zur Seite geschoben. Das gilt zum Beispiel von vielen Partien der ins Volkstümliche gewendeten Franziskusüberlieferungen der *Fioretti*. Man lese etwa das berühmte 21. Kapitel »Von dem grimmigen Wolf, den der heilige Franziskus zur größten Sanftmut zähmte«. Die Erzählung über den Heiligen ist zum Märchen geronnen. Die Ausdeutung der ins Bild gebrachten »tiefsinnigen Wahrheit« bleibt dem Leser überlassen. Franzens Leben schrumpft zum Beispiel für allgemeine Wahrheiten.

Der lebendige Strom der mündlichen und schriftlichen Franziskuserzählung im Minderbrüderorden des 13. und 14. Jahrhunderts sagt sehr viel aus über die ungebrochene Bewunderung für Franziskus und die Deutung seines Lebens im Lichte des jeweiligen Selbstverständnisses, ist aber kaum oder nur mit Vorsicht zu gebrauchen, wenn es darum geht, das zuverlässige historische Detail seines Lebens zu erfassen. Weder mit den verschiedenen Legenden noch auch mit Franzens eigenen Schriften kann eine zuverlässige und zusammenhängende Biographie geschrieben werden. Die franziskanischen Quellen liefern dafür zwar sehr viele Bausteine; aber diese sind nur die Überreste einer vergangenen Geschichte. Erspürt man einmal den »Sitz im Leben« und sichtet den historischen Hintergrund, gerät man dennoch mit der genauen Datierung in Schwierigkeiten. So sind bis heute nicht alle Fakten von Franzens Leben nach Datierung und Lokalisierung von der Forschung einheitlich gelöst. Die Unstimmigkeiten rühren auch her von der im mittelalterlichen Italien unterschiedlichen Datierung des Jahresanfangs und der Jahreszählung. So begann in Süditalien das neue Jahr meist mit dem 1. September, in den an Venedig ausgerichteten Gebieten des Nordens am 25. Dezember, in Mittelitalien am 25. März. Schrieb man in Pisa aber den 25. März 1210, so datierten die Schreiber in Florenz den gleichen Tag mit 25. März 1211.

Sinn dieses Kapitels ist es nicht, zu einer ausführlichen Biographie des Poverello auszuholen. Derartige Biographien gibt es genug. In einem ersten und kurzen Abschnitt werden dazu Daten und Einzelheiten angeführt, die für die Kenntnis seines Lebens unerläßlich sind. Die Aufmerksamkeit gilt der Person. Das »Personideal« Franzens soll in den sich anschließenden Abschnitten dargestellt werden. Dieses ist jedoch nur zu erfassen von seiner Frömmigkeit her. So geht es in dem Kapitel um die Frömmigkeit des betenden Heiligen aus Assisi.

Zur Biographie des heiligen Franziskus

Franziskus wurde im Winter 1181/82 oder (und wahrscheinlicher) 1180/81 zu Assisi geboren und auf den Namen Giovanni getauft. Sein Vater Pietro di Bernardone, war ein reicher Tuchhändler. Im gutsituierten und weltoffenen Milieu dieses mittelalterlichen bürgerlichen »Frühkapitalismus«, der sich so gut auf Arbeit und Gewinn, sozialen Aufstieg und politischen Einfluß verstand, wuchs Franziskus auf. In der Pfarrschule von San Giorgio lernte der Knabe lesen und schreiben. Auch einige Kenntnis in einem französischen Dialekt erwarb er sich. Noch in späteren Jahren habe er in Stunden der Begeisterung französische Lieder gesungen. Auch das Rolandlied und die Artussage dürften dem Knaben neben anderen Ritterromanen erzählt worden sein. Denn die zeitgenössische Ritterromantik beflügelte seine Phantasie und spielte noch nach der Bekehrung in seinen Vorstellungen eine gewisse Rolle. Die Vermittlung des Französischen durch die angeblich aus Frankreich stammende Mutter ist auszuschließen. Ihr Name Pica hat nichts mit der Pikardie zu tun, wie früher gelegentlich angenommen wurde. Sie stammte aus einer ortsansässigen assisischen Familie. Der Vater, der in geschäftlichen Angelegenheiten weit herum – und dabei auch nach Frankreich – kam, dürfte Franz die Sprachkenntnis vermittelt haben. Von des Vaters Vorliebe für dieses Land wird es auch herrühren, daß er den Knaben Francesco nannte.

Den heranwachsenden Franziskus darf man sich als einen fröhlichen, umgänglichen und freigebigen jungen Mann vorstellen, dem das reichlich vorhandene Geld leicht aus der Hand glitt. Ein gerngesehener Unterhalter, Spaßmacher und Wortführer beim Spiel. Denn er hatte eine natürliche Begabung zum Schauspieler und verstand es glänzend, sich zur Schau zu stellen. Er gehörte, so würde man das heute sagen, zur jeunesse dorée der Stadt. Ganz in dieses Bild fügt sich die von der Ritterromantik gefärbte Abenteuerlust. So nahm er an verschiedenen Kriegszügen teil. Während Franz noch in die rauflustigen Händel hineinverstrickt war, bahnte sich langsam eine Umorientierung an.

Da ist auf die Gefangenschaft in Perugia im Zusammenhang mit der Stadtfehde Perugia – Assisi 1202/03 hinzuweisen und auf die geplante Teilnahme an dem Heerzug des in päpstlichen Diensten stehenden Walter von Brienne, der 1205 nach Süditalien aufbrach. Doch kaum richtig im Sattel, kehrte Franziskus in Spoleto wieder heim. In den Legenden spielt diese »Umkehr« bereits eine wichtige Rolle. In einem sich bis 1209 hinziehenden Prozeß fand der Bekehrte immer deutlicher sein neues Leben. Verschiedene aus den Franziskusbiographien bekannte Episoden gehören dazu: das Gebet vor dem Kreuzbild von San Damiano; Reinigung, Ausbesserung und Wiederherstellung von verwahrlosten Kapellen, darunter die in der Ebene vor der Stadt liegende Kapelle von Portiuncula; Hinkehr zu den Kranken, Überwindung des Ekels vor den vom Aussatz Entstellten. Immer mehr glich sich Franziskus im äußeren Gehaben einem »Bettler« und Büßer an; asketische Übungen und Gebet in Zurückgezogenheit prägten den Lebensstil.

Als wichtiger Schritt auf dem Weg der Umkehr hat die Trennung von Vater und Elternhaus zu gelten. In einer öffentlichen Gerichtssitzung vor dem Stadtbischof fand sie ihren Abschluß. Franz tauschte den bisherigen »Weltstand« mit dem eines Büßers. Damit reihte er sich in den kirchlichen Büßerstand ein und war für die Zukunft vor den lästigen und bedrohlichen Nachstellungen des Vaters sicher. Mit der Entäußerung von Besitz und dem Bruch mit der Familie waren die Brücken nach rückwärts abgebrochen. Den nüchternen Rechtsakt malte die Legende in eindringlicher Farbigkeit nach: Franz zieht vor dem aufgebrachten Vater, der sein Geld wiederhaben will, die Kleider aus und wirft sie ihm vor die Füße. Den Splitternackten hüllt der Bischof in seinen Mantel (vgl. 1 Celano 14–15).

Dem Schauspieler Franziskus, der es verstand, durch Gebärde und Beispielhandlungen Gedanken und Anliegen in plastischer Anschaulichkeit auszudrücken, wäre die drastische Symbolhandlung zuzutrauen. »Nackt und arm dem nackten und armen Jesus nachzufolgen« war seit langer Zeit zum Leitwort einer weitverbreiteten und viele Fromme in ihren Bann schlagenden Bußbewegung geworden. Man setzt diesen Übertritt in den Büßerstand ins Jahr 1206 (oder 1207). Bis Franz aber seinen Weg der Jesusnachfolge fand, verging noch einige Zeit des Suchens. Was sein Weg sei und wie er zu leben habe, das war noch immer nicht ganz abgeklärt.

Es waren die Worte der verschiedenen Berichte der Evangelien über die Aussendung der Jünger durch Jesus, die Franziskus weiterhalfen. Sowohl in den

Legenden als auch im ersten Regeltext (vgl. unten
S. 151) spielen die Schriftzitate der Aussendungsre-
den eine zentrale Rolle. Wann, wo und wie diese
Worte den Bekehrten trafen, kann wohl nicht mehr
genau festgelegt werden.

Da Franziskus für die Portiuncula-Kapelle zeitlebens eine besondere Zuneigung bewahrte, kann jedoch angenommen werden, daß wenigstens zum
Teil der historische Sachverhalt in dem Bericht Celanos über eine Messe in der Kapelle gestreift wird,
bei der »das Evangelium, wie der Herr seine Jünger
aussandte, verlesen und der Heilige Gottes zuge-
gen war« (1 Celano 22). Das Ereignis wird auf den
24. Februar 1209 datiert.

Bald fand Franziskus Gleichgesinnte, die mit ihm
und unter seiner Leitung die »Buße Jesu Christi«
leben und verkünden wollten. Man lebte zusammen und verdingte sich zur Arbeit. Man zog sich
für einige Zeit in die umbrischen Berge zurück und
wanderte auch durch Städte und Dörfer der näheren Umgebung Assisis, um Buße zu predigen. Als
eine Art »Heimstatt« diente eine Hütte in Rivotorto. Mit seinen ersten elf Gefährten begab sich Franziskus dann im Verlaufe des Jahres 1210 (oder noch
1209) nach Rom, um sich vom Papst das evangelische Buß- und Predigtleben gutheißen zu lassen.
Über den Heimatbischof und verschiedene Kardinäle, die den »evangelischen Büßern von Assisi«
wohlwollend gegenüberstanden, war an der Kurie
für eine günstige Aufnahme gesorgt worden. Papst
Innozenz III. (1198–1216) bestätigte in mündlicher
Form das Anliegen der Bittsteller.

Aus der Begegnung Papst – Franziskus haben die

Legenden einen großen Auftritt gemacht. Auch das Traumgesicht des Papstes von der einstürzenden Lateranbasilika gehört dazu. Eine sehr späte Einzelüberlieferung will sogar wissen, Innozenz III. habe zunächst die einfältigen und unordentlich aussehenden Büßer brüsk abgewiesen und ihnen geraten, den Schweinen der Stadt zu predigen! Erst durch die wörtliche Ausführung dieses Befehls sei der Papst, betroffen von solcher Demut, anderen Sinnes geworden und habe die Lebensweise der Brüder bestätigt. Der Wahrheit wird man am nächsten kommen, wenn man annimmt, daß der vielbeschäftigte Papst der Büßerschar aus Assisi keine allzu große Aufmerksamkeit schenkte und ihr zunächst auch keine sonderliche Bedeutung zumaß. Ob Franziskus im Spätherbst 1215 noch einmal nach Rom kam, um sich vom Papst und von dem dort tagenden Vierten Laterankonzil die inzwischen erweiterte evangelische Lebensregel bestätigen zu lassen, ist in der Forschung umstritten. Sicher dagegen ist, daß die franziskanische Bruderschaft in den Jahren seit etwa 1215 sehr großen Zulauf fand. Aus allen Ständen kamen Männer und schlossen sich als bekehrte Büßer der evangelischen Buß- und Predigerbruderschaft an.

An präzisen Einzelheiten jedoch weiß man auch von diesen für die Ausbildung der Bruderschaft so wichtigen Jahren wenig. In welche Städte und Landstriche Franz damals überall hinkam, um für kürzere oder längere Zeit zu bleiben, kann nicht genau angegeben werden. Zum Wanderleben in der näheren und weiteren Umgebung Assisis traten auch ausgedehntere Reisen, die Franz über Ita-

lien hinausführten. Sein apostolisches Sendungsbewußtsein, überall Buße und Bekehrung zu predigen, hielt ihn in Bewegung und ließ auch ferne
Länder in seinen Gesichtskreis treten. Nach Frankreich zog es ihn vielleicht noch aus jener Zuneigung für dieses Land, die ihm als Knaben vom Vater vermittelt worden war. Manche meinen auch,
er habe Lüttich, damals Zentrum der neuen eucharistischen Frömmigkeit, im Auge gehabt. Aus der
Reise wurde nichts. Kardinal Hugolino hielt Franz
in Italien, wo er dringend gebraucht werde, zurück.

In einer Zeit, die noch von den Kreuzzügen ge-
kennzeichnet war und damit die Phantasie auf ferne Lande und zu den Moslems lenkte, war es nicht
verwunderlich, daß Franz auch diese fremde Welt
in seine Buß- und Bekehrungspredigt einbezog. So
wollte er einmal nach Marokko ziehen; kam aber
dann nur bis Spanien. Ein andermal war Syrien ins
Auge gefaßt; ein Schiffbruch zwang jedoch bereits
in Dalmatien zur Umkehr. 1219 allerdings kam er
im Gefolge des Kreuzzugsheeres bis nach Damiette
in Ägypten. Der waffenlose Friedensbote verstand
es, sich Zugang zum Sultan Melek-el-Kamel zu verschaffen. Dieser hörte sogar einer Predigt des Heiligen zu.

Inzwischen war die Bruderschaft zu einer großen
Schar angewachsen. Sie hatte bereits im städtereichen Oberitalien Fuß gefaßt und fing an, sich auch
in den Ländern jenseits der Alpen auszubreiten.
Das rasche Wachstum und die ausgedehnte Verbreitung brachten natürlich neue Probleme der Organisation und Führung mit sich. Der Schwierig-

keiten suchte man durch Ergänzungen und Erweiterungen der Regel Herr zu werden. Ganz gewachsen glaubte sich Franz den sich vervielfältigenden Aufgaben nicht. So bestellte er 1220 in dem Bruder Petrus Cathanii eine Art von Stellvertreter. Als Petrus bereits 1221 verstarb, wurde Bruder Elias von Cortona mit der Aufgabe eines »Generalvikars« betraut. Seit 1220 wurde auch intensiv an dem Text der Regel gearbeitet. Die neue Fassung bestätigte Papst Honorius III. am 29. November 1223.

In der inzwischen zu einem großen und sich über Westeuropa verbreitenden Verband angewachsenen Bruderschaft konnte Franziskus immer weniger die vielen Mitbrüder persönlich erreichen. Der direkte Einfluß auf den Orden, dessen organisatorische Leitung in den Händen des Bruders Elias lag, nahm ab. Als Erinnerung, Ermahnung und Aufmunterung für seine Brüder verstand sich Franziskus jedoch auch in seinen letzten Lebensjahren. Verschiedene der damals diktierten Schriften bringen dieses Anliegen deutlich zum Ausdruck. Auch der eremitische Rückzug in die Einsamkeit wird im Sinne betender Verantwortung und des ermahnenden Beispiels zu verstehen sein. Mit wenigen Gefährten zog er sich öfters in die Einsiedeleien der umbrischen Berge zurück. Nur von Bruder Leo begleitet, betete er in einer Grotte der Alverner Berge vom 15. August bis zum 29. September 1224. Während dieser »geistlichen Exerzitien« prägten sich dem in der Abgeschiedenheit einsam Betenden die Wundmale Jesu ein. Die Gleichförmigkeit seines Lebens mit dem leidenden Christus fand damit eine eindrucksvolle Bestätigung.

Der bereits sichtlich vom Tode gezeichnete und erblindete Franziskus begab sich dann noch einmal auf Wanderschaft durch die Marken und durch Umbrien. Am Ende aber zog es ihn wieder in die Heimatstadt zurück. In seinem geliebten Portiuncula bereitete sich der Heilige, umgeben von zahlreichen Brüdern, auf den Heimgang vor. Wohl auf Drängen der umstehenden Brüder hinterließ der schon mit dem Tode ringende Heilige ein letztes Vermächtnis. Einem des Schreibens kundigen Bruder diktierte Franz seinen letzten Willen. Diese *Testament* genannte Botschaft des Stifters an seine Bruderschaft wurde auch später nicht überarbeitet. Das von Italianismen durchsetzte einfache Latein ist darum schon in sprachlicher Hinsicht ein kostbares Zeugnis. Über seinen Sinn freilich wurde bald viel gestritten, und darüber kam es zur Spaltung des Ordens.

Der Sterbenskampf des Heiligen dauerte einige Tage. Nach Celano brachte Franziskus während dieser Zeit in einigen Symbolhandlungen das Besondere seines Lebens und Wirkens in eindringlicher Weise zum Ausdruck. So ließ er sich einmal auf den bloßen Boden, der mit einem Aschenkreuz bestreut war, legen. Auch hieß er die Umstehenden, ihm die Kleider vom Leib zu nehmen. Dem nackten und armen Jesus war er seit seiner Bekehrung nachgefolgt. Im Sterben wollte er das den Seinen wieder in Erinnerung bringen. In den Segensgebeten und -sprüchen für einzelne Brüder und den ganzen Orden bekundete er eindringlich die Verbundenheit mit der Bruderschaft. Auch ließ er Brot bringen, brach es und reichte es den Brüdern, nachdem er zuvor aus den Abschiedsreden Jesu im Kapitel 13 des Johannesevangeliums hatte vorlesen lassen. In die Gebete der ihn umgebenden Brüder mischte sich seine schwach gewordene Stimme. Neben dem *Sonnengesang* erbat er sich noch Psalm 142 als gemeinsames Gebet.

Am Abend des 3. Oktobers 1226 war sein Werk getan. Franziskus hatte seinen Lauf vollendet. »In der ersten Stunde der Nacht, welche dem Sonntag, dem vierten Oktober voranging, ist unser Vater und Bruder Franziskus zu Christus heimgegangen«, heißt es in dem Rundschreiben, mit dem Bruder Elias dem Orden offiziell Mitteilung vom Tode des Stifters machte. Die Datierung des Todes auf den 4. Oktober in dem Schreiben ist nicht falsch. Denn damals setzte man den Tagesbeginn nicht auf die Mitternacht, sondern auf den Sonnenuntergang.

Mit der knappen biographischen Skizze wurde nur eine Art von Gerüst aufgestellt. Das »Mauerwerk« wurde nicht eingebracht. Es würde – falls überhaupt noch einzufügen – das Leben eines Bekehrten verdeutlichen, der »als Armer auf umlagerter Straße im Frieden dahinzog« (1 Celano 15) und in verzehrender Konzentration das asketische Ideal lebte.

Doch auch andere Bekehrte seiner Zeit, um darauf wieder aufmerksam zu machen, lebten für dieses Ideal. Ihre biographische Skizze sähe der des heiligen Franziskus ähnlich. Und wie bei diesen, so gehörte auch im Leben und Werk des Heiligen aus Assisi vieles den frommen Auffassungen seiner Zeit an. Doch gerade wenn man um diese Zeitgebundenheit weiß und sie herausstreicht, drängt sich die Frage nach dem Besonderen des Poverello auf. Warum lief ihm alle Welt nach, wie die *Fioretti* Bruder Masseo da Marignano verwundert fragen ließen, wenn er weiter nichts gewesen wäre als einer unter den vielen Bekehrten und Bußpredigern der Zeit? Es stimmt: Franz war ein Bekehrter wie viele andere. Wie sie lebte er das zeitgenössische asketische Ideal; in verschiedener Hinsicht steigerte er es sogar. Doch der Unterschied liegt nicht in der Quantität. Franziskus war von anderer Qualität. Er brachte sich in seiner unverwechselbaren Eigenheit ins Spiel: mit dem Charisma seiner Gotteserfahrung. Franziskus war ein Mystiker.

Der Mystiker Franziskus

Franziskus unter den Mystikern? Bevor Widerspruch laut wird, muß man sich klar sein über den vielstrapazierten Begriff »Mystiker« und die Mehrdeutigkeit des in der Religionsgeschichte so wichtigen Phänomens der Mystik.

Es gibt eine reflektierende und stark theoretisch ausgerichtete Mystik, die von weit her kommt und sich in vielfältigen Brechungen mit der christlichen abendländischen Frömmigkeit verband. Ihrer Tendenz nach kann man sie beschreiben als herbe Weltfeindlichkeit, die sich der Hülle der Dinge zu entledigen und zu deren Kern vorzudringen versucht. Sie sucht die Einheit hinter aller Vielheit; blickt im Vergänglichen auf das Unvergängliche, im Zeitlichen auf das Ewige. Hellwach für den abgrundtiefen Unterschied zwischen dem geschaffenen menschlichen und dem ungeschaffenen göttlichen Sein, wendet der Mystiker dieser Richtung alle Kraft darauf, die »Welt« aus dem eigenen Inneren auszukehren und nach der asketischen Entbindung von der Kreatur die Durchlichtung seines Soseins durch den Glanz des göttlichen Lichtes zu erlangen. Nur auf geistige Weise ist die intendierte Soseinsvereinigung mit dem Göttlichen zu erreichen. Die »Vereinigung« mit Gott ist also nur eine Möglichkeit des Geistes. Je mehr der Geist zum Geist emporsteigt, desto mehr läßt er die Welt unter sich. Entweltlichung ist also der Preis der erstrebten mystischen Vergöttlichung. Darum kann man diese Mystik auch eine weltlose (akosmische) nennen.

In der historischen Vermittlung der akosmischen Mystik lauerte immer der Gnostizismus, um sich ihrer zu bemächtigen. In dem System der gnostischen Weltdeutung wird der relative Wert der Welt als Schöpfung negiert bzw. zur gleichgültigen Unwichtigkeit degradiert. Ein solches gnostisches Verständnis der Mystik war über verschiedene Kanäle auch in die Spiritualität des abendländischen Mönchtums eingedrungen. In den Worten Jesu: »Marta, Marta, du machst dir viele Sorgen und Mühen. Aber nur eines ist notwendig. Maria hat das Bessere gewählt, das soll ihr nicht genommen werden« (Lk 10,41f), fand diese Tradition auch eine biblische Stütze für ihre Spekulationen, die in der Praxis auf eine eigenartige Entweltlichung hinauslief, der die leiblichen Werke der Barmherzigkeit geopfert wurden. Danach steige nämlich der Christ mit Maria, der Schwester des Lazarus, zur Schau der Geheimnisse empor, wenn er mit Christus der Welt absterbe. Im unvollkommenen Leben der Marta bleibe er hangen, wenn er sich wie diese mit dem Dienst an den Armen begnüge.

Durch die Sachzwänge des Lebens wurden derartige verstiegene Spekulationen jedoch immer wieder korrigiert und die dialektische Bezogenheit der Kontemplation auf die Aktion und der Aktion auf die Kontemplation bedacht. Wohl nicht ganz von ungefähr kam es, daß Theologen der Bettelorden, wie etwa Albertus Magnus, einer neuen Auslegung der betreffenden Evangelienverse den Weg bahnten, die dann in der Predigt von Meister Eckhart über die Perikope berühmten Ausdruck fand. In einem meisterlichen Kunstgriff beförderte er das Leben der Marta an die erste Stelle und wies der Maria den Platz der Schülerin zu, die erst noch zu lernen habe, in der Vielfalt der Tätigkeiten das Eine zu besorgen. Die Korrektur an den gnostisch gewordenen akosmischen Spekulationen, die letztlich auf die Negierung der Schöpfung und der Erlösung hinausliefen, durch Theologen der Bettelorden ist im Auge zu behalten.

Neben der akosmischen Mystik gibt es in der Religionsgeschichte eine naive Mystik, die aus der unmittelbaren Erfahrung der Nähe Gottes und der Geborgenheit im Göttlichen lebt. Sie kann sich als herbe und stille Verhaltenheit zeigen oder zur kindlichen Begeisterung werden und sich ausfächern in jubelnden Lobpreis, fröhliche Danksagung und hingebende Anbetung. Für diese mystische Frömmigkeit kann man auch sagen: Leben aus der Erfahrung der beständigen Gegenwart des Göttlichen. Auf jeden Fall handelt es sich um eine durch die geschaffenen Dinge vermittelte Mystik. In ihr werden darum die Wurzeln zum Dasein und zur Natur nicht durchschnitten. Insofern kann diese Mystik eine weltliche (kosmische) genannt werden.

Diese Mystik erfährt die Natur und das Leben als erfüllt von Heiligkeit; als Gefäß des Göttlichen. In der historischen Vermittlung spielte der »Pantheismus« eine Rolle. Darum lauerte in ihr die Gefahr der Naturvergöttlichung, die den Unterschied von geschaffenem und ungeschaffenem Sein leugnet oder verwischt. In ihrer nachreligiösen Gestalt degenerierte die kosmische Mystik zur ästhetischen und schwärmerischen Naturfrömmigkeit.

Religionsgeschichtlich gesehen wird man Franziskus' Stellung als Mystiker im Schnittpunkt der beiden Typen anzugeben haben. In der Einbringung der kosmischen Dimension der Mystik in die akosmische, die von der Antike her das Profil christlicher Frömmigkeit und des monastischen Asketismus maßgeblich bestimmte, besteht die unverwechselbare und unaustauschbare Eigenart des Heiligen. Beide Typen in sein frisches und ursprüngliches Leben gebracht zu haben war sein Charisma. Hier liegt das Geheimnis seiner faszinierenden Persönlichkeit. In diesem Charisma sprudelte der Quell seiner Heiligkeit, die ihm eine Autorität verlieh, wie es kein noch so kompetentes Sach- und Organisationswissen geben konnte.

Freilich, dieses Eigene seiner Person konnte Franziskus dem Werk, der franziskanischen Bruderschaft, nicht in der gleichen Ursprünglichkeit vermitteln. So blieb der Heilige aus Assisi als große religiöse Persönlichkeit immer mehr als sein Werk. Er wurde in diesem nicht »aufgehoben«. Der Impuls, der von seiner Frömmigkeit ausging, wurde natürlich spürbar. So kann die in der mittelalterlichen Frömmigkeitsgeschichte in ihrem Einfluß kaum zu überschätzende »franziskanische Mystik« sich zu Recht auf Franziskus berufen.

Bereits in der Franziskus-Erzählung der Frühzeit nahm der Bericht über die lebendige Gotteserfahrung des Meisters einen herausragenden Platz ein. Franzens »Gotttrunkenheit« bewunderten seine Gefährten; sie prägte sich ihrer Erinnerung ein und wurde von ihnen besungen: »Eine Liebe über alles menschliche Begreifen hinaus ergriff ihn, wenn er deinen Namen, heiliger Herr, nannte. Dann war er ganz des Jubels und der keuschesten Freude voll, und er schien wirklich ein neuer Mensch zu sein und aus einer anderen Welt zu stammen ... Wer vermöchte die Süßigkeit zu schildern, die er empfand, wenn er in den Geschöpfen die Weisheit des Schöpfers, seine Macht und Güte betrachtete? Wahrlich, er wurde bei dieser Betrachtung oft mit wunderbarer und unaussprechlicher Freude erfüllt, so, wenn er zur Sonne aufschaute, den Mond betrachtete, zu den Sternen und zum Firmament aufblickte« (1 Celano 82,80).

Die mystische Frömmigkeit des heiligen Franziskus in ihrer besonderen Ausprägung ist nun näher zu beschreiben. Die vier folgenden Abschnitte befassen sich von verschiedenen Seiten her mit dieser Aufgabe.

In der zweiten Lebensbeschreibung charakterisiert Celano den betenden Franziskus mit den Worten: »Der ganze Mensch war nicht so sehr Beter als vielmehr selbst Gebet geworden« (2 Celano 95). Gebet also als Weg und Ziel in einem; vollkommene Verwirklichung des biblisch-monastischen Ideals der Beständigkeit im Gebet als Ausdruck des Lebens aus der Gegenwart Gottes.

Wenn man wissen will, was und wie Franziskus betete, ist man glücklicherweise nicht nur auf die franziskanische Hagiographie der Biographen angewiesen. Denn von Franziskus sind eine Reihe von Gebeten überliefert, die er gesprochen und zum Teil auch gedichtet hat. Was deren handschriftliche Überlieferung betrifft, so sind sie als franziskanisches Eigengut ausgewiesen. Zu beachten sind auch noch andere Schriften des Heiligen, in denen häufig vom Beten und von der Anleitung zum Beten die Rede ist und die insgesamt für Franziskus als Beter aufschlußreich sind. Dazu gehören die verschiedenen Ermahnungen, das 22. Kapitel der *Nichtbullierten Regel* mit einer Unterweisung fürs Gebet, die zahlreichen Segensformeln, die *Aufforderung zum Lobe Gottes*, die *Erklärung zum Vaterunser*.

Die meisten der überlieferten kurzen oder längeren Gebete sind für Franziskus' Originalität zunächst nicht besonders aufschlußreich. Denn die Gebete passen sich nach Form und Inhalt der Gebetspraxis der Frommen der Zeit ein. Der Form nach kann man sie in ihrem Umriß fassen in dem *Gebetbuch des heiligen Johannes Gualbert.* Die unter dem Namen dieses 1073 verstorbenen und 1194 heiliggesprochenen mittelitalienischen Einsiedlers und Gründers von Vallombrosa verbreitete Gebetesammlung ist indes viel älteren Ursprungs und läßt sich bis in die karolingische Zeit zurückverfolgen. Aus der Art der weitertradierten Gebete läßt sich in etwa die Struktur des Betens der frommen Laien in Umrissen angeben. Dazu gehören an erster Stelle kurze Anrufungen, Stoßgebete der Bitte, des Lobes und der Anbetung; die der offiziellen Meß- und Chorgebets-Liturgie nachgeformten Orationen sowie bestimmte Psalmenreihen. Alle diese Formeln, ob kurz oder lang, sind für die Wiederholung gedacht. Durch ständige Repetition werden sie zum in- und auswendigen Besitz des Beters, der an diesem erworbenen Gebetsschatz weiterdichtet, indem er die überlieferten Stichworte neu verbindet oder überhaupt neue Gedanken in das Traditionsgut einbringt.

Die zuerst in den Klöstern erfolgte Neuorientierung der Frömmigkeit im 11. und 12. Jahrhundert brachte in die Überlieferung einen neuen Ton. Achtete vorher der Beter zum Beispiel in ängstlicher Sorge darauf, in seinen Anrufungen ja keine der Gott auszeichnenden und zukommenden Eigenschaften auszulassen, so weckten die litaneiartigen bittenden oder preisenden Anrufungen jetzt das Gemüt. Die Gebetstexte wurden meditativ und affektiv. Um der meditativen und affektiven Versenkung willen suchte sich die neue Frömmigkeit viel stärker als vorher ein entsprechendes Objekt der betenden Andacht. Die Betrachtung der irdischen

Gestalt Jesu rückte in den Mittelpunkt der Frömmigkeit. Die Stationen seines Lebens, von Betlehem bis Golgota, wurden bittender und anbetender Gegenstand des Gebetes.

Franziskus stand mit seinem Beten in dieser zeitgenössischen Frömmigkeit. Wenn wir sagen, daß die meisten der von ihm überlieferten Gebete wie auch seine Gebetsgebärden keine besondere Originalität aufweisen, soll das nicht heißen, daß die Gebete nicht auch von ihm verfaßt worden seien. Verfaßt aber nur in dem Sinne, daß er Vorgeformtes aufgriff und mit eigenen Worten wiederholte oder umformte. Doch auch eine solche schöpferische Rezeption ist für den Beter Franziskus aufschlußreich und nach Form und Inhalt zu bedenken.

Zunächst geben seine Gebete Aufschluß über die Bildung des Heiligen. Als illiteratus et idiota, das heißt als des Lesens unkundig und ungebildet, bezeichnet sich – wie viele andere Büßer der asketischen Tradition – auch Franziskus. Die Demutsformel ist insofern richtig, als Franziskus keine volle literarische Ausbildung und schon gar nicht eine theologische erlangt hatte. Denn eine »Hohe Schule« hatte er nie besucht und die methodisch vorgehende Reflexion auch nicht durch eigenes Studium erlernt. Aber ungebildet war der mit einer raschen und wachen Auffassungsgabe ausgezeichnete Heilige deshalb noch nicht. Schon seine erhalten gebliebenen Gebete verraten das.

Ein homo illiteratus et idiota war auch sein jüngerer Zeitgenosse Johannes Bonus. In den erhalten gebliebenen Akten des eingeleiteten Kanonisationsprozesses finden sich verschiedene Aussagen über das Beten dieses Bekehrten, der sich im ständigen Gebet übte. Die Texte jedoch, mit denen er seine Gottverbundenheit ausdrückte, waren die christlichen Grundgebete, also Glaubensbekenntnis und Vaterunser. »Nach Art der Laien« reihte er zu Hunderten die Vaterunser aneinander, immer wieder unterbrochen und aufgelockert durch kurze Stoßgebete. Von den Psalmen scheint er nur Psalm 115, der als Bußpsalm ja weiteste Verbreitung gefunden hatte, gekannt zu haben. Nachdruck verlieh Johannes Bonus den Gebetsreihen durch verschiedene Lorifikationen, das heißt körperliche Übungen wie Knien, tiefe Verneigung, kreuzförmig ausgebreitete Arme. Diese uralten monastischen Gebetsgebärden waren dem Mittelalter durch das Mönchtum vermittelt und nach und nach durch die Bußbewegung unters Volk gebracht worden.

Auch Franziskus wird mit diesen Gebetsformen »nach Art der Laien« vertraut gewesen sein. Doch er war fähig, über diese einfache Gebetsweise, deren spirituelle Formkraft in der geistigen Welt des Mittelalters nicht unterschätzt werden darf, hinauszuschreiten. Der Poverello konnte lesen und schreiben. Er war in Assisi zur Schule gegangen. Selbst Celano, dem so viel an dem Apg 4,13 nachgeformten Begriff des ungelehrten und ungebildeten Apostelnachfolgers lag, fließt die Bemerkung in die Feder, Franziskus habe dort zu predigen angefangen, »wo er als kleiner Knabe lesen gelernt hatte« (1 Celano 23).

In der Pfarrschule von San Giorgio wurde Franziskus mit der lateinischen Sprache vertraut. Wahrscheinlich brachte man auch hier wie anderswo den Knaben die ersten Grundkenntnisse und den Wortschatz anhand des Psalteriums bei. Umfassende Kenntnisse wurden in diesem »Grundkurs« natürlich nicht vermittelt. Franzens Latein war mangelhaft und blieb immer ein italienisches Latein. Aber was er davon gelernt hatte, reichte hin, einen einfachen lateinischen Tex zu lesen und zu verstehen. Was er alles gelesen hat, weiß man natürlich nicht. Es ist aber anzunehmen, daß zu seiner Lektüre die Evangelien und die Psalmen gehörten, denn er verfügte über eine gute Kenntnis der Psalmen und eine Vertrautheit mit der Heiligen Schrift, die für einen Laien seiner Zeit außergewöhnlich war. Seine einzigartige menschlich-religiöse Begabung, gepaart mit einer wachen Intelligenz, die zu beobachten und zu urteilen verstand, verhalfen ihm zu einer eindrucksvollen und eigenständigen Gedächtniskultur, deren Grundelemente ihm in den rudimentär gebliebenen schulischen Gedächtnisübungen vermittelt worden waren.

Wenn hier von Gedächtniskultur gesprochen wird, so ist dieser die mittelalterliche Bildung umschreibende Begriff mit Bedacht gewählt. Das Gedächtnis lebt auch in seinem schöpferischen und originellen Vollzug vom überlieferten Erbe. Der Poverello ist als Beter nicht wie ein Engel vom Himmel in die geistlose und das Evangelium vergessende Welt des 13. Jahrhunderts herniedergestiegen, um unter unmittelbarer göttlicher Eingebung die Menschen das »evangelische Beten« neu zu lehren. Die Originalität des Heiligen von Assisi als Beter ist zunächst eine vermittelte und nicht eine voraussetzungslose. Die Vermittlung gilt für Struktur und Inhalt des Betens. Franziskus war als Beter der kirchlichen Frömmigkeit seiner Zeit eingebunden. So schlecht, wie man das immer wieder hören kann, stand es um die kirchliche Frömmigkeit der Zeit auch wieder nicht. Bevor Franziskus dieser sein Eigenes mitteilte, wurde er zuerst einmal von ihr geprägt. Die Übungen der überlieferten Frömmigkeit bildeten die Grundlage für seine Mystik. Von Franziskus als Beter kann man also so äußerliche Dinge lernen wie die anhaltende Wiederholung von Stoßgebeten, die Aneinanderreihung von Psalmen und Vaterunsern. Erst wenn die vielfältigen Formen dieser konservativen und kirchlichen Frömmigkeit, auf die weiter unten noch einmal zurückzukommen ist, gesehen und in ihrer Bedeutung für den Beter Franziskus gewürdigt sind, kann man von dem Dichter des *Sonnengesanges* sprechen.

Das Lied der Kreaturen: Der Sonnengesang

1 Erhabenster, allmächtiger, guter Herr,
   dein sind der Lobpreis, die Herrlichkeit
   und die Ehre und jegliche Benedeiung.
2 Dir allein, Erhabenster, gebühren sie,
   und kein Mensch ist würdig, dich zu nennen.
3 Gepriesen seist du, mein Herr,
   mit allen deinen Geschöpfen,
   zumal der Herrin, Schwester Sonne,
   denn sie ist der Tag
   und spendet das Licht uns durch sich.
4 Und sie ist schön und strahlend in großem
      Glanz.
   Dein Sinnbild trägt sie, Erhabenster.

5 Gepriesen seist du, mein Herr,
durch Bruder Mond und die Sterne,
am Himmel hast du sie gebildet,
hell leuchtend und kostbar und schön.

6 Gepriesen seist du, mein Herr,
durch Bruder Wind und durch Luft und Wol-
ken
und heiteren Himmel und jegliches Wetter,
durch welches du deinen Geschöpfen den Un-
terhalt gibst.

7 Gepriesen seist du, mein Herr,
durch Schwester Wasser,
gar nützlich ist es
und demütig und kostbar und keusch.

8 Gepriesen seist du, mein Herr,
durch Bruder Feuer,
durch das du die Nacht erleuchtest;
und es ist schön und liebenswürdig
und kraftvoll und stark.

9 Gepriesen seist du, mein Herr,
durch unsere Schwester, Mutter Erde,
die uns ernährt und lenkt
und mannigfaltige Frucht hervorbringt
und bunte Blumen und Kräuter.

10 Gepriesen seist du, mein Herr,
durch jene, die verzeihen um deiner Liebe willen
und Schwachheit ertragen und Drangsal.

11 Selig jene, die solches ertragen in Frieden,
denn von dir, Erhabenster, werden sie ge-
krönt.

12 Gepriesen seist du, mein Herr,
durch unseren Bruder, den leiblichen Tod;
ihm kann kein Mensch lebend entrinnen.

13 Wehe jenen, die in schwerer Sünde sterben.
   Selig jene, die sich in deinem allheiligen Willen
       finden,
   denn der zweite Tod wird ihnen kein Leides
       tun.
14 Lobet und preiset meinen Herrn
   und erweiset ihm Dank
   und dient ihm mit großer Demut.

Über den *Sonnengesang* ist viel geschrieben und geforscht worden. Mit der Intensität der Forschung wuchsen auch die wissenschaftlichen Fragen an den Text. Sie können hier weithin außer acht gelassen werden. Unbestritten ist die Verfasserschaft Franzens. Doch schon in bezug auf die Frage, wo und wann Franz das Lied verfaßt habe, gehen die Meinungen auseinander. Meistens werden drei Phasen der Entstehung angenommen. Die Verse eins bis neun samt dem Schlußvers sieht man danach als eigentlichen Sonnengesang an, den Franziskus am Ende einer schweren und von seelischen Depressionen begleiteten Krankheit zu San Damiano im Winter 1224/25 gedichtet habe. Aus dem Erlebnis des von ihm geschlichteten Streites zwischen Bischof und podestà von Assisi im Sommer 1226 seien die Verse 10 und 11 über die Versöhnung und die Seligpreisung der Friedfertigen entstanden. Schon im Angesicht des Todes habe Franz die Verse 12 und 13 über »unseren Bruder, den leiblichen Tod«, gedichtet.
Der Dreiphasentheorie steht die Auffassung gegenüber, Franz habe den ganzen Gesang in einem Zuge gedichtet und gesungen. Beide Auffassungen

berufen sich auf entsprechende äußere Zeugnisse und auf innere Merkmale des *Canto del sole*. Doch die äußeren Zeugnisse für die zeitliche Dreiteilung kommen erst in den zu späterer Zeit entstandenen Legenden auf. Aus den Hinweisen der zweiten Lebensbeschreibung Celanos kann man auf die einheitliche Komposition schließen. Danach habe Christus dem in San Damiano an einer schweren Krankheit leidenden und von inneren Anfechtungen niedergedrückten Heiligen in einer Offenbarung erneut den Lohn des ewigen Lebens verheißen. Der Krampf der quälenden Ängste löste sich; die Heilszusage beflügelte Franz zu dem Gesang der Lobpreisung. »Als er betend so im Kampfe lag, erhielt er schließlich vom Herrn die Verheißung des ewigen Lebens unter folgendem Gleichnis: ›Stell dir vor, die ganze Erdmasse und das Weltall wären aus kostbarem, unbezahlbarem Gold. Es wird dir nun für die harten Beschwerden, die du erdulden mußt, nachdem jeder Schmerz von dir genommen ist, ein Schatz von solcher Herrlichkeit als Belohnung zuteil, neben dem das vorher genannte Gold nichts wäre, ja nicht einmal des Redens wert; würdest du nicht frohlocken und gerne alles ertragen, was du für einen Augenblick ertragen mußt?‹ ›Gewiß würde ich frohlocken‹, sagte der Heilige, ›und über die Maßen würde ich mich freuen.‹ ›Dann jauchze‹, sprach zu ihm der Herr, ›denn meines Reiches Brautpfand ist deine Krankheit und als Preis der Geduld erwarte sicher und gewiß das Erbteil an diesem Reich!‹ – Mit welchem Jubel aber hat sich wohl dieser Mann gefreut, von solch beseligender Verheißung beglückt! Mit welcher Geduld, ja Liebe wird er wohl die Beschwerden seines Körpers willkommen geheißen haben! Er weiß es jetzt vollkommen, was ihm damals zu sagen versagt war. Einiges jedoch erzählte er den Gefährten, so gut er vermochte. – Damals dichtete er das Loblied auf die Geschöpfe und feuerte sie an, nach Kräften den Schöpfer zu loben« (2 Celano 213). Vier Kapitel weiter erwähnt Celano im Zusammenhang mit dem Sterben des Heiligen noch einmal den Sonnengesang: »Er lud auch alle Geschöpfe zum Lobpreis Gottes ein, und durch Worte, die er einstens gedichtet, forderte er sie auf zur Liebe Gottes. Ja, sogar den Tod persönlich, allen schrecklich und verhaßt, forderte er auf zum Lobpreis. Fröhlich ging er ihm entgegen und lud ihn ein zu Gast: ›Sei willkommen, mein Bruder Tod‹ « (2 Celano 217).

Gegen die einheitliche Komponierung des Liedes führt man auch innere Gründe an. Zwar wird eingeräumt, daß die gleiche Poesie die einfache rhythmische Prosa alle Strophen durchwehe, doch bestehe ein Bruch zwischen den ersten neun Versen und den folgenden. In den Versen 10 bis 13 beziehe Franziskus die Vergebungsbereiten und die Friedfertigen sowie den leiblichen Tod, an dem sich kein Sterblicher vorbeidrücken kann, in die Lobpreisung ein. Die Angerufenen stünden hier als Ursache der Preisung. In den anderen Versen jedoch lobe und preise Franz den Schöpfer mit den Elementen. In diesen Überlegungen spielt die Deutung des Fürwortes »per«, die jeweils in der Einladung verwendet wird (zum Beispiel: »Gelobt seist du, Herr, durch Bruder Mond und die Sterne«) eine Rolle. Von der Bedeutung her kann der Partikel »per« sowohl ein kausativer als auch ein instrumentaler Sinn unterlegt werden. Im letzteren Fall würde der Sänger mit Sonne, Mond und Sternen, Feuer, Wasser und Erde zusammen den Lobpreis auf den Schöpfer anstimmen; der kausativen Bedeutung nach wären die Elemente der Grund für Franzens Gotteslob. Da nun in den Versen 10–13 vom Sinnganzen her sich eindeutig die kausative Bedeutung ergibt, folgern die einen daraus die nachträgliche Zufügung der Verse, die anderen deuten jedoch auch das »per« in den ersten neun Versen im kausativen Sinn.

Man kann sich allerdings fragen, ob für den Sänger, der in kindlicher Begeisterung und spontanem Enthusiasmus dichtete, derartige Überlegungen angebracht sind. Warum soll er nicht den einen Sinn mit dem anderen in Verbindung gebracht haben können? Und liegt es nicht nahe, anzunehmen, daß Franz in seine Antwort auf die befreiende Offenbarung, durch die sich die verengenden Ängste lösten, auch den Tod als den Preis für den verheißenen Lohn des ewigen Lebens einbrachte?

In dem für die handschriftliche Überlieferung der Werke Franzens wichtigen Codex der Stadtbibliothek von Assisi ist der *Sonnengesang* unter der Überschrift überliefert: »Lobpreisungen der Geschöpfe, die der selige Franziskus zum Lob und Preis Gottes dichtete, als er krank bei Sankt Damian darniederlag«. Die Überschrift bringt einen charakteristischen Zug von Franzens Beten zum Ausdruck. Denn der *Canto del sole* faltet nur ein, was in vielfacher Ausfaltung sein Beten überhaupt bestimmte. Längere und kürzere »Laude«, das heißt Kompositionen zum Lobe Gottes, gehörten zu seinem Beten. So ist zum Beispiel auch in der *Aufforderung zum Lob Gottes* eine solche Laude noch erhalten geblieben. Zu dieser Gebetsgattung gehört auch der *Lobpreis Gottes*, den Franziskus für Bruder Leo eigenhändig niederschrieb.

Der Gott lobende und dankende Franziskus machte auf seine Gefährten einen tiefen Eindruck; immer wieder berichteten sie darüber. So schrieb bereits Celano in der ersten Vita: »Denn wie einst die drei Jünglinge im brennenden Feuerofen alle Elemente zum Lobe und zur Verherrlichung des Schöpfers des Weltalls einluden, so ließ auch dieser Mann, vom Gottesgeist erfüllt, nicht ab, in allen Elementen und Geschöpfen den Schöpfer und Lenker aller Dinge zu verherrlichen, zu loben und zu preisen« (1 Celano 80). »Oft, wenn er seines Weges ging und ›Jesus‹ dachte oder sang, vergaß er seines Weges und forderte alle Elemente auf zum Lobe Jesu« (ebd. 115).

Franzens Gebet ist von den Schöpfungspsalmen und -hymnen geprägt. Doch das Echo des biblischen Schöpfungslobes brachte der Sänger von Assisi auf seine Weise ins rühmende Sphärenspiel. In der vertrauten Anrede »Bruder« und »Schwester« gab er seiner tiefen Verbundenheit mit den Elementen Ausdruck. Voll Bewunderung berichteten die späteren Lebensbeschreibungen von dieser außerordentlichen Vertraulichkeit Franzens gegenüber der Kreatur. Man denke an das Häslein von Greccio, das sich in einer Schlinge verfangen und das ein Bruder zu ihm getragen hatte: »Bruder Häslein, komm her zu mir! Warum hast du dich so überlisten lassen?« – sagte Franz aus sorgender Anteilnahme (vgl. 1 Celano 60). Oder an die Erzählung von den gefangenen Fischen, die er, wenn sich ihm Gelegenheit bot, nach dem Fang wieder lebendig ins Wasser warf und ermahnte, sie sollten sich hüten, sich ein zweites Mal gefangennehmen zu lassen (ebd. 61). Die Fisch-, Vogel- und Blumenpredigten – vielfacher Gegenstand idyllischer Darstellung in der Kunst – gehörten zu solchen Erzählungen, die Celano zusammenfassend so charakterisierte: »Endlich nannte er alle Geschöpfe ›Bruder‹ und erfaßte in einer einzigartigen und für andere ungewohnten Weise mit dem scharfen Blick seines Herzens die Geheimnisse der Geschöpfe; war er doch schon zur Freiheit der Herrlichkeit der Kinder Gottes gelangt« (1 Celano 81).

Mit Celano wird man dabei an Röm 8,21 denken müssen und in des Heiligen vertrautem Umgang mit der Kreatur den Aufschein der kommenden Herrlichkeit feiern, in der alle Entfremdung, unter der die ganze Schöpfung noch stöhnt und klagt, aufgehoben sein wird. Im Verständnis der kosmischen Mystik ausgedrückt vollzog Franziskus die Humanisierung der Natur und die Renaturalisierung des Menschen. Er lebte die Versöhnung von Geist und Natur vor. In der Anrede »Bruder« und »Schwester« brachte er die Verbundenheit zum Ausdruck.

Die vertraute Anrede war Franz überhaupt geläufig. Er grüßte nicht nur die unbelebte und belebte Kreatur als Bruder und Schwester. Auch die Tugenden waren ihm Schwestern. So betete er im *Gruß an die Tugenden*: »Sei gegrüßt, Königin Weisheit, der Herr erhalte dich mit deiner Schwester, der heiligen reinen Einfalt. Herrin, heilige Armut, der Herr erhalte dich mit deiner Schwester, der heiligen Demut. Herrin, heilige Liebe, der Herr erhalte dich mit deiner Schwester, dem heiligen Gehorsam ... « (1–3). Die direkte Anrede der Tugenden konnte Franziskus aus der Gebetsüberlieferung der Zeit übernehmen. Wahrscheinlich leiten sich die Gebete der Tugendpreisung her von Gebeten an den Heiligen Geist um seine siebenfältigen Gaben. In seiner natürlichen Einfalt band Franziskus das in solcher Verselbständigung abstrakt gewordene Symbol wieder dem lebendigen Bezug ein. Er personifizierte die Tugenden, um mit ihnen wie mit Personen vertrauten und ehrfürchtigen Umgang zu haben. Franziskus dachte konkret und anschaulich. Er stellte sich alles belebt und beseelt vor. Aus der schöpferischen und dichterischen Kraft seiner Ein-Bildung aller Dinge in seine Seele konnte sich Franziskus ein anschauliches Bild des Schöpfungs- und Erlösungsplanes machen. Alles, die belebte und die unbelebte Kreatur, war mit ihm als Bruder und Schwester unterwegs zum Ziele.

Von dieser Sicht her konnte Franziskus den Lobpreis Gottes anstimmen, weil in diesem Plan auch die Elemente ihren Platz haben. In das objektive Lob von Schwester Sonne und Bruder Mond brachte er das seine ein. Er stimmte den Lobgesang jedoch auch an, weil er durch Sonne und Mond, Wasser und Feuer den Plan des gütigen Schöpfergottes erkannte. Seine dichte Gotteserfahrung gab allem eine Sinnbreite und -tiefe, die kausative und instrumentale Deutung umfaßte und ihn mühelos von einer Deutung in die andere hinüberwechseln ließ.

In den einfachen Verszeilen des *Sonnengesanges* reiht der betende Dichter Adjektive um das Substantiv, dem Preisung und Danksagung gelten. Wie in allen anderen Gebeten gebrauchte Franz nur Eigenschaftswörter, die eine Gutheit ansagen. Der Hinweis auf die drohenden und zerstörerischen Eigenschaften der Elemente Wasser, Feuer usw. fehlt. Um die Doppeldeutigkeit der Natur wußte natürlich auch Franziskus. In der dem *Sonnengesang* vorausgehenden seelischen Depression erfuhr er sie angstvoll. Doch die in Verunsicherung stürzende Zweideutigkeit wich im betenden Gesang der klaren Eindeutigkeit. Die Elemente und Vorgänge der Natur wurden wieder zum Kosmos der Schöpfung. Aus dieser Erfahrung heraus kamen dem ergriffenen und begeisterten Sänger nur die guten Eigenschaftswörter in den Sinn.

Mit der modernen Sprach- und Symbolforschung kann man sich fragen, ob Franziskus die guten Eigenschaftsworte nur wählte, weil er sie sich seit seiner Bekehrung betend und meditierend durch entsprechende Gebetsvorlagen anerzogen hatte, oder ob die äußerliche Einübung in das Gut-Sagen nicht deshalb zu seiner zweiten Natur wurde, weil die Gutheißung einem Grundmuster seiner natürlichen Veranlagung überhaupt entsprach. Viel spricht dafür, daß Franz im *Sonnengesang* seine »innere Welt« ins Wort brachte und im Jubel heraussang. Wenn dem so ist, dann gehört Franziskus zu den großen religiösen Persönlichkeiten kraft natürlicher Veranlagung.

Mit einer solchen Vermutung tritt man der gnadenhaften Berufung nicht zu nahe. Denn die Wirkung der Gnade ist nicht an die Gaben der Natur gebunden. Es hat Heilige gegeben mit großen und groben Guß- und Bruchfehlern ihrer natürlichen Veranlagung; mit psychischen Verwerfungen, die noch im milden und verwandelnden Licht der Gnade zu erkennen sind. Ihren Weg zur Vollendung sind sie alle trotz solcher natürlichen Belastungen in der Kraft der Gnade gegangen. Aber persönliche Heiligkeit und persönliche Ausstrahlung sind zwei verschiedene Dinge. Franziskus war eine Persönlichkeit mit einer großen Ausstrahlungskraft. Dafür darf man seine natürliche Veranlagung auch in Erwägung ziehen. Im Blick auf die Wirkung auf die Menschen, auf den Erfolg, darf man von der Gnade sprechen, die die Natur voraussetzt. Franziskus hat mit seinem ganzen Sein und Leben Gotteserfahrung gelebt und vermittelt. Er muß ein Mensch gewesen sein, der im Urvertrauen, von dem heute als Grundbedingung eines »gesunden Lebens« so viel die Rede ist, verwurzelt war und der dadurch ansteckend wirkte.

Von der Gegenwart Gottes in allen Dingen, die Gott mit seiner Kraft ins Sein ruft und im Bestand erhält, verstand auch die beginnende scholastische Theologie zu predigen. Das gescheite Lehrwort ist aber noch nicht das helfende Lebenswort. Die guten Worte dort sind richtige Lehre; im Lebenswort aber kommen sie aus unauslotbaren Tiefen. Ihre Wurzeln reichen weiter als die Angst. Franzens *Sonnengesang* kommt aus der Tiefe des Glaubens, der die Angst überwunden hat. Die vom Glauben vertriebene Angst schafft Platz für die Freude des Einfältigen. Noch im verharmlosten »Bruder lustig und immerfroh« klingt als schwaches Echo der tiefe Eindruck nach, der von Franziskus, dem von Natur aus schon so begnadeten Menschen, ausging. Denn auf die von Zweifeln, Ängsten und Unsicherheiten umgetriebenen und zerrissenen Menschen, in deren Matrize der Seele krumme und wirre Linien eingegraben und die ständig in Versuchung sind, verkehrte und böse Worte sich und der Welt anzudichten, muß die Begegnung mit einem bis ins Innerste seines Wesens guten und aufgelichteten Menschen wie eine Befreiung und Erlösung wirken.

Der *Canto del sole* ist als Verdichtung von Franzens Frömmigkeit zu verstehen. Die erhalten gebliebenen Gebete nehmen die im *Sonnengesang* aufklingende Thematik vorweg oder sprechen sie nach. Dazu gehören auch Segensworte und die Ergebung in den Willen Gottes.

Was die Segensworte betrifft, so kann gesagt werden, daß Franziskus gleichsam seine Arme ausbreitete und alles in seine Segensbitte einbezog. Immer wieder ist in den Legenden vom Segen des Heiligen die Rede. Auch sind von ihm direkte Segensgebete erhalten geblieben. Am bekanntesten ist der *Segen für Bruder Leo*: »Der Herr segne und behüte dich. Er zeige dir sein Angesicht und erbarme sich deiner. Er wende dir sein Antlitz zu und schenke dir den Frieden. Der Herr segne dich, Bruder Leo.« Die Worte sind dem Segen Aarons nachgeformt (vgl. Num 6,24–26), den allerdings Franziskus sich eher aus liturgischen Segensformeln der Zeit als di-

rekt aus der Lektüre des Alten Testaments eingeprägt haben dürfte. Der Segenswunsch ist als Autograph erhalten geblieben und steht auf der Rück-
seite jenes Pergamentblattes, auf dessen Vordersei-
te Franziskus für Bruder Leo den *Lobpreis Gottes* eigenhändig niedergeschrieben hat. Das 10 auf 14 cm
große und beschädigte Schriftstück wird als kostbare Reliquie bis heute im Sacro Convento zu Assisi
aufbewahrt. In den mit roter Tinte niedergeschriebenen Erklärungen teilte Bruder Leo auch noch
Einzelheiten über Ort und Zeit der Abfassung mit.
»Der selige Franziskus hat diesen Segen mit eigener Hand für mich, Bruder Leo, geschrieben«, hält
der Schreiber fest. Über die Umstände der Abfassung bemerkt er: »Nach Vision und Anrede eines
Seraph und Einprägung der Wundmale Christi in
seinen Leib verfaßte er diese Lobpreisungen, die
auf der anderen Seite des Blattes geschrieben stehen, und schrieb sie mit eigener Hand, indem er
Gott für die ihm verliehene Wohltat dankte.« Das
Schriftstück wurde also nach der Stigmatisation auf
dem Alverna verfaßt (Ende September 1224).
Über die Entstehung gibt es auch ein wertvolles
Zeugnis in der zweiten Franziskus-Vita des Celano:
»Als der Heilige sich auf dem Berg Alverna aufhielt, in eine Zelle eingeschlossen, wünschte einer
von seinen Gefährten mit sehnlichem Verlangen
eine aufmunternde Stelle von den Worten des
Herrn, durch die Hand des heiligen Franziskus
kurz aufgeschrieben, zu bekommen. Er glaubte
nämlich, dadurch eine schwere quälende Versuchung – nicht des Fleisches, sondern des Geistes –
loszuwerden oder doch sie leichter tragen zu kön-

nen. Von solcher Sehnsucht krank, scheute er sich doch, seinen Wunsch dem heiligen Vater zu eröffnen. Aber was ein Mensch ihm nicht sagte, das enthüllte ihm der Geist. Denn eines Tages rief der selige Franziskus den Bruder zu sich und sprach zu ihm: ›Bring mir ein Blatt und Tinte, denn ich will die Worte des Herrn und seinen Lobpreis niederschreiben, die ich in meinem Herzen erwogen habe.‹ Sofort brachte ihm der Bruder, um was er gebeten, und Franziskus schrieb mit eigener Hand den ›Lobpreis Gottes‹ und die Worte, die er wollte, und am Ende einen Segen für den Bruder. Dann sprach er: ›Nimm dieses Blatt an dich und bewahre es sorgfältig auf bis zum Tage deines Todes!‹ « (2 Celano 49).

Der Segen schließt mit dem unter die Zeilen gesetzten Wort »Leo«. Mitten durch die Buchstaben Leo führt der Schaft des in T-Form gestalteten Zeichens »Tau«. Das Zeichen verweist im Anschluß an Ez 9,4–6 und Offb 7,3 an die Auserwählung. Franziskus hat das »Tau« überhaupt gerne verwendet. Er setzte es unter seine Briefe und malte es in Kapellen an die Wand. Im Segensgruß sollte das Zeichen, das, wie Bruder Leo anmerkt, Franziskus mit eigener Hand anbrachte, dem gequälten Bruder in Erinnerung bringen, daß er zu den Auserwählten gehöre. Die Ermutigung des angefochtenen Bruders zu Vertrauen und Glauben spricht also auch aus diesem kostbaren Dokument von Franzens Spiritualität.

Zu erinnern ist auch an die Schlußverse des *Testaments* mit der Segensverheißung: »Und wer immer dieses beobachtet, werde im Himmel erfüllt mit dem Segen des höchsten Vaters und werde auf Erden erfüllt mit dem Segen seines geliebten Sohnes in Gemeinschaft mit dem Heiligsten Geiste, dem Tröster, und allen Kräften des Himmels und allen Heiligen. Und ich, der ganz kleine Bruder Franziskus, euer Knecht, bestätige euch, soviel ich nur kann, innen und außen diesen heiligsten Segen« (Testament 40–41). Auch in jenem zwischen April und Mai 1226 von Franziskus zu Siena diktierten *Testament von Siena*, das aber nur in einer Überarbeitung überliefert ist, steht der Segen am Anfang: »Schreibe, daß ich alle meine Brüder segne, die im Orden sind und die kommen werden bis zum Ende der Welt.«

Der Segen über die Menschen soll diese zum Frieden heimführen. Als Bote des Evangeliums des Friedens erbittet Franziskus den Frieden Gottes. In diesem Wunsch geht es um die Versöhnung des Menschen mit sich, den anderen und Gott. Friede also als religiöses Gut, dessen Frucht die Ergebung in den Willen Gottes ist. Im *Brief an die Gläubigen* I wird dieser religiöse Sinn mit den Worten angedeutet: »Anverlobte sind wir, wenn die gläubige Seele durch den Heiligen Geist unserem Herrn Jesus Christus verbunden wird. Brüder sind wir ihm, wenn wir den Willen des Vaters tun, der im Himmel ist; Mütter sind wir, wenn wir ihn durch die göttliche Liebe und ein reines und lauteres Gewissen in unserem Herzen und Leibe tragen; wir bringen ihn zur Welt durch ein heiliges Wirken, das anderen als Vorbild leuchten soll« (1,8–10).

Das Motiv von der Ergebung in den Willen Gottes klang bereits im *Gebet vor dem Kreuzbild von San Da-*

miano an, als der am Anfang der Bekehrung stehende und seinen eigenen Weg noch suchende Franziskus betete: »Höchster, glorreicher Gott, erleuchte die Finsternis meines Herzens und schenke mir rechten Glauben, gefestigte Hoffnung und vollendete Liebe. Gib mir, Herr, das rechte Empfinden und Erkennen, damit ich deinen heiligen und wahrhaften Auftrag erfülle.« Das großartige Gebet am Schluß des wohl erst 1225 verfaßten *Briefs an den gesamten Orden* ist in seiner vorliegenden Fassung stilistisch überarbeitet worden. Denn die in dichtes Latein gedrängte Gedankenfülle des Gebetes kann so von dem dieser Sprache nur mangelhaft mächtigen Franziskus nicht gesprochen worden sein. Allerdings kann man annehmen, daß Franziskus das Gebet aus der Tradition der Zeit übernommen und zu schätzen gelernt hatte. Der Wortlaut des kaum übersetzbaren Gebets ist folgender: »Allmächtiger, ewiger, gerechter und barmherziger Gott, verleihe uns Elenden, um deiner selbst willen das zu tun, von dem wir wissen, daß du es willst, und immer zu wollen, was dir gefällt, damit wir innerlich geläutert, innerlich erleuchtet und vom Feuer des Heiligen Geistes entflammt, den Fußspuren deines geliebten Sohnes, unseres Herrn Jesus Christus, folgen können, und allein durch deine Gnade zu dir, Allerhöchster, zu gelangen vermögen, der du in vollkommener Dreifaltigkeit und einfacher Einheit lebst und herrschest und verherrlicht wirst als allmächtiger Gott durch alle Ewigkeiten der Ewigkeiten. Amen.«

Die vielen Hinweise zur betenden Ergebung in den Willen Gottes in den *Ermahnungen* und den Regeltexten können hier übergangen werden; statt dessen sei noch einmal hingewiesen auf die das Anliegen zusammenfassende Seligpreisung jener, die sich in Gottes »allheiligem Willen finden, denn der zweite Tod wird ihnen kein Leides tun« (Sonnengesang 13).

Segen und Friede als Frucht der betenden Ergebung in den Willen Gottes sind die Themen seines Liedes, das heiligt und feiert. Natürlich klingt bei Franziskus auch der herbe Gedanke der Drohung an, das »Wehe jenen, die in schwerer Sünde sterben« (Sonnengesang 13); die eindringliche Mahnung wie im *Brief an die Lenker der Völker*: »Denn alle jene, die (den Herrn) der Vergessenheit anheimfallen lassen und von seinen Geboten abweichen, sind verflucht und werden von ihm der Vergessenheit überantwortet werden. Und wenn der Tag des Todes kommt, wird ihnen alles, was sie zu haben glaubten, weggenommen werden. Und je weiser und mächtiger sie in dieser Welt gewesen sind, desto größere Qualen werden sie in der Hölle erdulden« (3–5). Die dunkle Folie der Drohung, hier wie anderswo aus Schriftworten zusammengefügt, bleibt jedoch sowohl in den Gebeten wie auch in den Ermahnungen und Briefen des Heiligen von untergeordneter Bedeutung. So beginnt etwa die »Lob- und Mahnrede, die alle Brüder halten können«, nicht mit der Ankündigung von Unheil, sondern mit der Aufforderung zum Lob: »Fürchtet und ehret, lobet und benedeiet, saget Dank und betet an den Herrn, den allmächtigen Gott in der Dreifaltigkeit und Einheit, ... den Schöpfer aller Wesen« (Nichtbullierte Regel 21,2–3).

Ein eifernder Prophet, der das Heil aller asketisch und kämpferisch herbeizwingen will, war Franziskus nicht. Der Charakterisierung in den Legenden darf man Glauben schenken: »Er ermahnte auch die Brüder, keinen Menschen zu verurteilen, noch jene zu verachten, die üppig leben und sich auffallend und verschwenderisch kleiden; denn unser Gott ist auch ihr Gott, mächtig, jene zu sich zu berufen und sie als Berufene zu rechtfertigen. Er sagte, er wolle, daß die Brüder diese Leute wie ihre Brüder und Herren verehrten. Sind sie doch Brüder, insofern sie von einem Schöpfer geschaffen sind« (Dreigefährten 58). Auch der eifernde Asketismus unter den Brüdern fand nicht in einem jeden Falle Franzens Unterstützung. Man wird den *Dreigefährten* glauben dürfen, was sie dazu zu sagen haben: »Außerdem tadelte der liebevolle Vater seine Brüder, wenn sie allzu streng gegen sich selbst waren und in Nachtwachen, Fasten und körperlichen Übungen übertrieben. Ja, einige peinigten sich so hart, daß sie alle Anreizungen des Fleisches in sich ausrotteten, weshalb ein jeder sich selbst zu hassen schien. Davon suchte der Mann Gottes sie abzuhalten, mahnte sie voll Güte, tadelte sie weise und heilte ihre Krankheit mit heilsamen Vorschriften« (Dreigefährten 59). Für einen herausragenden Vertreter der zeitgenössischen asketischen Bußbewegung war eine solche Haltung nicht selbstverständlich. Bei den Katharern zum Beispiel konnte sich der akosmische Asketismus bis zum freiwilligen Tod durch Verhungern steigern! Vor einer solchen destruktiven Askese, die damals, was man nicht vergessen sollte, einigen Eindruck hervorzurufen vermochte, bewahrte Franz seine »kosmische Frömmigkeit«, die ihn lehrte, sich mit der Erde und ihren Gaben demütig zu verbinden.

Franzens natürliche Veranlagung und Frömmigkeit schützte ihn vor den Verirrungen der destruktiven Weltverachtung, die im Ideal vom »engelgleichen Leben« auch auf die monastische Tradition Einfluß gewonnen hatte. Für die mittelalterliche Bußbewegung, die seit der zweiten Hälfte des 11. Jahrhunderts große Verbreitung fand, umschrieb es der herbe und eifernde Asket Petrus Damiani († 1072) mit den Worten: »Wir verachten nur darum Wein, Fleisch und Ehe und vieles andere dazu, um durch die Enthaltung vom Geschaffenen um so mehr dem Erschaffer aller Dinge zu gefallen. Der Vollkommene, ganz und gar gekreuzigt dieser Welt, weiß und spürt nichts mehr von den irdischen Dingen; ganz zum ungesäuerten Brot geworden, ganz unversehrt, lebt er, um es so zu sagen, wie ein Engel.« Natürlich lebte auch Franziskus »wie ein Engel«. Aber er spielte sein Leben in großer Unbefangenheit. Es scheint so, daß er es nicht mehr nötig hatte, das Ethos seiner Nachfolge Jesu mit festen Normen und Verboten abzusichern. Daß solche »Sicherungen« angemessen sein und den noch Ungefestigten zur Hilfe werden könnten, wußte auch Franziskus. Die verschiedenen mit »Hüten sollen sich die Brüder« eingeleiteten diesbezüglichen Zusätze in der *Nichtbullierten Regel* sprechen eine deutliche Sprache. So heißt es im 12. Kapitel: »Alle Brüder, wo immer sie auch sind und wohin sie gehen, sollen sich in acht nehmen vor unlauterem Blick und Umgang mit Frauen. Und keiner soll sich allein mit ihnen beraten oder mit ihnen des Weges ziehen oder bei Tisch mit ihnen aus einer Schüssel essen. Die Priester sollen ehrbar mit ihnen sprechen, wenn sie ihnen die Buße auferlegen oder ihnen sonst einen geistlichen Rat geben. Und auf keinen Fall darf eine Frau von einem Bruder in ein Gehorsamsverhältnis aufgenommen werden, sondern nachdem ihr ein geistlicher Rat erteilt worden ist, mag sie Buße tun, wo sie will. Und wir wollen uns alle sehr in acht nehmen und all unsere Glieder rein bewahren, denn der Herr sagt: ›Wer eine Frau anschaut, um sie zu begehren, hat schon in seinem Herzen Ehebruch an ihr begangen‹ « (Nichtbullierte Regel 12,1–5).

Für Franz aber galt die Unbefangenheit auch im Umgang mit Frauen. Die vertraute und von Ehrfurcht getragene sorgende Beziehung zur heiligen Klara und ihren Schwestern, die Franz seine »Herrinnen« nannte, ist dabei an erster Stelle zu nennen. Doch auch auf den weniger bekannten vertrauten Umgang mit der römischen Matrone Jakoba von Settesoli ist hinzuweisen. Leider ist der Brief, den der todkranke Franziskus Ende September 1226 an sie richtete, nicht mehr im Wortlaut erhalten geblieben. Durch eine gutbezeugte indirekte Nachricht ist man jedoch über den Inhalt unterrichtet. Franziskus bat die römische Dame, sie möge, falls sie ihn noch lebend sehen wolle, sofort nach Assisi kommen. Auch möge sie ein graues Tuch mitbringen, um seinen toten Leichnam darin zu hüllen, auch viele Kerzen für das Begräbnis, ein Schweißtuch für das Gesicht und ein Gebäck, das sie ihm in Rom oft zubereitet habe. Ins Schema eines vom düsteren Asketismus geprägten Heiligen, dem das Irdische vor der großen Ewigkeit Gottes gleichgültig geworden ist, will Franzens Sorge um die Dinge für ein würdiges Begräbnis nicht recht passen; erst recht nicht der ganz und gar unasketische Wunsch nach seiner »Leibspeise«!

Eucharistieverehrung und Leben-Jesu-Frömmigkeit

Die Frömmigkeit des Beters Franziskus ist mit den bisherigen Ausführungen noch nicht ganz erfaßt. Einen herausragenden Platz nahmen darin das Altarsakrament und die Betrachtung des Lebens Jesu ein. Franz umkreiste damit betend Themen, die die damalige kirchliche und um Vertiefung bemühte Frömmigkeit bestimmten. Mit ihr war also auch sein Beten verbunden.

In den Worten des ersten Kapitels der *Ermahnungen* brachte er seinen tiefen Glauben an die sakramentale Gegenwart Christi zum Ausdruck: »Seht doch, täglich erniedrigt er sich, wie er einst vom königlichen Thron herab in den Schoß der Jungfrau kam. Täglich kommt er selber zu uns und zeigt sich in Demut. Täglich steigt er aus dem Schoß des Vaters in den Händen des Priesters herab auf den Altar. Und wie er sich den heiligen Aposteln im wirklichen Fleische zeigte, so zeigt er sich uns auch jetzt im heiligen Brot. Und wie diese beim Anblick seines Fleisches nur sein Fleisch sahen, aber glaubten, daß er Gott ist, weil sie ihn mit geistigen Augen schauten, so laßt auch uns, die mit leiblichen Augen Brot und Wein sehen, schauen und fest glauben, daß es lebendig und wahrhaftig sein heiligster Leib und sein Blut ist. Und auf diese Weise ist der Herr immer bei seinen Gläubigen, wie er selbst sagt: ›Seht, ich bin bei euch bis zur Vollendung der Welt‹« (1,16–22).

Die eucharistische Frömmigkeit wollte Franz auch bei den Seinen und bei allen Christen geübt wissen. Mit Nachdruck drängte er darauf in verschiedenen Briefen. Als Vermächtnis an die Seinen ging das Anliegen auch in das *Testament* ein: »Und diese heiligsten Geheimnisse will ich über alles hochgeachtet, verehrt und an kostbaren Stellen aufbewahrt wissen« (Testament 11).

Man hat inzwischen festgestellt, daß seine Ermahnungen zur würdigen Verehrung der Eucharistie nicht nur ideenmäßig, sondern manchmal bis in den Wortlaut hinein von der Bulle Papst Honorius' III. »Sane cum olim« vom 22. November 1219 beeinflußt sind. Das Anliegen dieser »eucharistischen Enzyklika« machte sich Franz ganz zu eigen; so sehr, daß er darauf drängte, seine diesbezüglichen Ermahnungen möchten abgeschrieben und weiter verteilt werden. Erfüllungsgehilfe »päpstlicher Interessen« wurde er deshalb jedoch nicht. Denn die Eucharistieverehrung war unabhängig vom Papst in den spirituellen Zentren der Christenheit entstanden und übte auf die religiös Ergriffenen eine tiefe und verinnerlichende Wirkung aus. Sowohl das Vierte Laterankonzil (1215) als auch das erwähnte päpstliche Rundschreiben von 1219 bestätigten eine schon vorhandene und verbreitete Frömmigkeit. Mit ihrer Autorität drängten sie auf Beseitigung skandalöser Mißstände, um dadurch der Eucharistieverehrung breiteste Anerkennung zu verschaffen. Franziskus war dafür Feuer und Flamme, weil er selber den spirituellen Wert dieser Frömmigkeit erfahren hatte. So wandelte sich in den Briefen auch die düstere Klage der Enzyklika über Mißbräuche und skandalöse Ehrfurchtslosigkeit, vor allem von seiten der Priester, zur eindringlichen Besinnung und Dankbarkeit für die sakramentalen Gaben, in denen der aus demütiger Liebe sich erniedrigende Herr sich den Menschen schenke. »Laßt uns beachten, wir Kleriker alle, die große Sünde und Unwissenheit, die manche an den Tag legen gegenüber dem heiligsten Leib und Blut unseres Herrn Jesus Christus und seinen hochheiligen niedergeschriebenen Namen und Worten, die den Leib Christi heilig gegenwärtig setzen ... Werden wir nicht von all dem in liebender Hingabe bewegt, da er, der gütige Herr, sich selbst in unseren Händen darbietet und wir ihn berühren und täglich durch unseren Mund empfangen? Oder wissen wir nicht, daß wir in seine Hände gelangen müssen? Daher wollen wir uns in all diesen und in den anderen Dingen schnell und gründlich bessern. Und wo immer der heiligste Leib unseres Herrn Jesus Christus in nicht statthafter Weise aufbewahrt und liegengelassen ist, soll er von jener Stelle fortgenommen und an einen kostbar ausgestatteten Platz hingelegt und verschlossen werden« (Brief an die Kleriker, Fassung 1,8–11). »Und in jeder Predigt, die ihr haltet, sollt ihr das Volk zur Buße mahnen und daß niemand gerettet werden kann, wenn er nicht den heiligsten Leib und das Blut des Herrn empfängt. Und wenn er vom Priester auf dem Altar geopfert und irgendwohin getragen wird, dann sollen alle Leute die Knie beugen und dem Herrn, dem Lebendigen und wahren Gott, Lob, Herrlichkeit und Ehre erweisen. Und sein Lob sollt ihr allen Leuten so verkünden und predigen, daß zu jeder Stunde und wenn die Glocken läuten, dem allmächtigen Gott vom gesamten Volk auf der ganzen Erde immer Lobpreis und Dank dargebracht wird« (Brief an die Kustoden I, 6–8).

Zur würdigen Verehrung des Altarsakramentes gehörte für Franziskus auch die Hochachtung für den Priester. Im *Testament* ist davon noch einmal und mit Nachdruck die Rede: »Danach gab und gibt mir der Herr einen so großen Glauben zu den Priestern, die nach der Vorschrift der heiligen Römischen Kirche leben, wegen ihrer Weihe, daß ich, wenn sie mich verfolgen würden, bei ihnen Zuflucht suchen will. Und wenn ich so große Weisheit hätte, wie Salomon sie gehabt hat, und fände armselige Priester dieser Welt – in den Pfarreien, wo sie weilen, will ich nicht gegen ihren Willen predigen. Und diese und alle anderen will ich fürchten, lieben und ehren wie meine Herren. Und ich will in ihnen die Sünde nicht sehen, weil ich den Sohn Gottes in ihnen erblicke und sie meine Herren sind. Und deswegen tue ich das, weil ich leiblicherweise von ihm, dem höchsten Sohn Gottes, in dieser Welt nichts sehe als seinen heiligsten Leib und sein heiligstes Blut, das sie selbst empfangen und sie allein den anderen darreichen« (Testament 6–10).

Vielfach bringt man diese Ermahnungen mit den häretischen Strömungen der Zeit in Zusammenhang. Franziskus habe sein »Katholischsein« demonstrativ durch diese die priesterliche Würde herauskehrende Eucharistieverehrung zur Schau getragen, um sich und seine Bruderschaft von vornherein gegen einen möglichen Häresieverdacht zu schützen und auch, um häretischen Einflüssen auf seine Anhänger zu wehren. Auf die häretischen Strömungen und nonkonformistischen Regungen in der christlichen Gesellschaft im Abendland des beginnenden 13. Jahrhunderts ist in anderem Zusammenhang noch hinzuweisen (vgl. unten S. 209). Wenn Franzens Eucharistieverehrung eine »antihäretische Demonstration« war, dann gilt das in einem ganz bestimmten Sinn, der sich nur von seiner Frömmigkeit her erschließt. Diese kann, wie in der Einleitung zu diesem Kapitel ausgeführt wurde, als Verbindung von akosmischer und kosmischer Mystik beschrieben werden. Die sichtbaren Unterpfänder der göttlichen Gegenwart spielten dabei eine wichtige Rolle. Für Franziskus wurde die belebte und die unbelebte Natur zu einer »Monstranz« des Göttlichen; erst recht die geschriebenen Namen und Worte des Herrn sowie die eucharistischen Gaben mitsamt den Kelchen, Korporalien und dem Altarschmuck (vgl. Brief an die Kustoden I, 2–3).

Im Sakrament des Altares fand seine Frömmigkeit jenseits aller dogmatischen Fragen den dichtesten Gegenstand ihrer Verehrung. Die durch die Menschwerdung geheiligte Schöpfung feierte Franziskus in diesem »Sakrament der Welt«. In einer von akosmischer Entweltlichung gefährdeten Bußbewegung, die in asketischer Übersteigerung im engelgleichen Leben sich auf einen »Wandel im Himmel« zu fixieren drohte, konnte und mußte der Eucharistieverehrung sowie der Betrachtung des Lebens Jesu die Funktion einer Korrektur zukommen.

Von den zeitgenössischen Häretikern, insbesondere den Katharern, weiß man wenig Zuverlässiges, was die Frömmigkeit angeht. Daß es jedoch bei der strikten Ablehnung der Reliquien- und Eucharistieverehrung, dem rigorosen »Abtun aller Bilder«, um eine Verinnerlichung und Vergeistigung der Religion, gar noch um die »Herzensfrömmigkeit« der liberalen Theologie des 19. Jahrhunderts gegangen sei, wird niemand (mehr) behaupten wollen! Der antikultische Rigorismus dieser Gruppen war vielmehr Ausdruck einer ins Extrem gesteigerten akosmischen Frömmigkeit. Mit der aber hatte Franziskus nichts gemein. Das »Katholischsein« konnte er sich nicht anders vorstellen als durch den Kult des Altarsakramentes. Denn die Bekehrung zu Jesus bedeutete für ihn auch Anbetung Jesu und nicht nur Nachfolge im äußeren Lebensstil. Um Religion und Ethos der Nachfolge ging es ihm. Beides verbunden in der Eucharistieverehrung und der Betrachtung des Lebens Jesu. Franzens Ermahnungen zur Verehrung des Altarsakramentes mündeten im Staunen über Gottes Erniedrigung. Gott wird Mensch! Um dieses Thema kreiste die Betrachtung. Gottes Sohn als Mensch war der Gegenstand der Leben-Jesu-Frömmigkeit, zu deren herausragenden Zeugen Franziskus gehörte. Herausragender Zeuge – in einer langen Reihe von Zeugen.

Die Geschichte der mittelalterlichen Leben-Jesu-Frömmigkeit ist noch nicht geschrieben. Über Entstehung und Antrieb gibt es unterschiedliche Auffassungen. Manche Forscher sehen in ihr nicht eine Wiederentdeckung der Menschheit Christi und eine an den Evangelien orientierten Jesusfrömmigkeit, sondern eine Vertiefung der Kluft zwischen dem irdischen Jesus und dem himmlischen Christus. Denn im Zuge der antiarianischen Heraushebung der Einheit und Gleichheit im Wesen mit dem Vater sei in der frühmittelalterlichen Frömmigkeit die verklärte Menschheit Jesu ausgeblendet worden. Anstelle des vom Geheimnis der Trinität her gedeuteten Gottmenschen habe man sich darum nach sekundären Vermittlern umgesehen und sie in den Heiligen und deren Reliquien gefunden. Diese auf das Schauen und materielle Dinglichkeit ausgerichtete Mentalität habe sich in der Leben-Jesu-Frömmigkeit dann auch der historischen Reliquien des Lebens Jesu angenommen. Also der Stationen seines Lebens von Geburt bis Tod, vom Holz der Krippe bis zum Holz des Kreuzes.

Vieles spricht für ein solches Verständnis; vor allem wenn man die Praktiken der Volksreligiosität vor Augen hat. Die Veräußerlichung mag es gegeben haben. Verfolgt man jedoch den Gedanken der Leben-Jesu-Frömmigkeit in der mittelalterlichen theologischen Literatur, in Gebeten, Meditationen und erbaulichen Traktaten, so gewinnt man ein anderes Bild. Die im Fleisch verborgene Gottheit war das Thema. Johannes von Fécamp, Anselm von Canterbury, Bernhard von Clairvaux und viele andere herausragende Meister des geistlichen Lebens gaben dieser Frömmigkeit spirituelle Weite und Tiefe, gefühlvolle Stimmung und Empfindung. Durch die liebende Betrachtung einer Einzelheit sollte die mitfühlende und mitsinnende Seele zum Ganzen gelangen. Anselm von Canterbury sprach in einer seiner Betrachtungen über das Leiden Christi die Seele so an: »Wie ist es möglich, daß nicht auch dich das Schwert der Schmerzen durchdrungen hat? Du warst doch auch dort und hast es ertragen, als sich die Lanze in das Erlöserherz gebohrt? ... Wie kommt es nur, daß du nicht trunken wirst von deinen bitteren Tränen, da er die bittere Galle trinkt?« Papst Gregor VIII. († 1187) meditierte: »Das größte und unaussprechliche Geheimnis aber besteht in der Menschwerdung Gottes. Gott, durch den alles geschaffen, wollte in seiner unsagbaren Weisheit und unfaßbaren Barmherzigkeit durch die Schwäche des Fleisches, durch Hunger und Durst, durch Kreuz, Tod und Auferstehung unser Heil wirken.« Adam von Dryburgh († 1210) kreiste in seinen Gebetsanleitungen um dieses Geheimnis. So verband er in seinen Betrachtungen über die Geburt Christi die göttlichen Hoheits- mit den menschlichen Niedrigkeitsaussagen; nicht aber, um damit den betenden nichtsnutzigen Menschen vor der überwältigenden Größe Gottes in Furcht und Schrecken zu versetzen und zur Askese anzuleiten, wie das von den frühmittelalterlichen Wortreihen gesagt werden kann, sondern um im Betrachter die größere Liebe zu wecken. In dem alten Weihnachtslied »O Kind, o wahrer Gottessohn, o Kripp, o Salomonis Thron, o Stall, o schönes Paradies, o Winternacht, wie licht, wie süß« ist noch ein Nachklang dieser die Gegensätze verbindenden frommen Empfindung überliefert. Über viele Kanäle drang diese dichte Jesusfrömmigkeit über die Mauern der monastischen Zentren und geistlichen Schulen und erfaßte die überlieferten einfachen und auf bloße Repetition ausgerichteten Gebetsformen.

Das Leiden Christi war in der neuen Andacht ein bevorzugtes Thema. Die Passionsfrömmigkeit knüpfte an die Überlieferung an, in der die Verehrung des heiligen Kreuzes seit langem einen besonderen Platz eingenommen hatte. Die Ausbildung einer besonderen Kreuzverehrung in der Karfreitagsliturgie erreichte im 10. Jahrhundert einen neuen Höhepunkt. In der folgenden Zeit wurde die Strenge dieser liturgischen Verehrung aufgelockert und erweitert. In entsprechenden Liedern, Gebeten und Andachten wurden die verschiedenen neuen Töne der mitfühlenden und mitleidenden Andacht eingebracht.

Franziskus war von dieser Frömmigkeit geprägt. Die Betrachtung kreiste um die Brennpunkte des Geheimnisses der Erlösung: Krippe und Kreuz. Ganz in diesem Sinn schrieb Celano in der ersten Vita: »Sein höchstes Streben, sein vornehmster Wunsch und seine oberste Lebensregel war, das heilige Evangelium in allem und durch alles zu beobachten. Mit aller Wachsamkeit, allem Eifer, der ganzen Sehnsucht seines Geistes und der ganzen Glut seines Herzens suchte er, vollkommen der Lehre unseres Herrn Jesus Christus zu folgen und seinen Fußspuren nachzuwandeln. In eingehender Betrachtung rief er die Erinnerung an seine Worte wach und in nachspürender Erwägung überdachte er seine Werke. Vor allem war es die Demut der Menschwerdung Jesu und die durch sein Leben bewiesene Liebe, die seine Gedanken derart beschäftigten, daß er kaum an etwas anderes denken wollte.« Mit diesen Worten leitete Celano den Bericht über die berühmte Krippenfeier des Heiligen bei dem umbrischen Dorf Greccio zu Weihnachten 1223 ein (1 Celano 84–86). Er ließ Franziskus jene Worte sagen, mit denen seit langer Zeit die Kindheit-Jesu-Andacht ihr Verlangen und Gefühl ausdrückte: »Ich möchte nämlich das Gedächtnis an jenes Kind begehen, das in Betlehem geboren wurde, und ich möchte die bittere Not, die es schon als kleines Kind zu leiden hatte, wie es in eine Krippe gelegt, an der Ochs und Esel standen, und wie es auf Heu gebettet wurde, so greifbar als möglich mit leiblichen Augen schauen.« Der einzige Unterschied, der freilich bedeutsam genug ist: Statt einer frommen Erbauungsstunde in einer Klosterzelle wurde daraus ein »Volksfest«. Franziskus bezog die einfachen Menschen der Umgebung in seine Krippenfeier ein.

Von den Gebeten des Heiligen gehört besonders das *Offizium vom Leiden des Herrn* zu dieser Nachfolge-Jesu-Frömmigkeit. Nach Struktur und Inhalt ist es jenen bereits im frühen Mittelalter entstandenen »kleinen Offizien« zuzuordnen, die dem amtlichen liturgischen Stundengebet nachgebildet wurden. So setzt sich auch dieses Offizium aus den sieben Tageshoren zusammen. Für jede ist ein Psalm vorgesehen, der von einer immer gleichbleibenden Antiphon umrahmt ist. Diese richtet sich lobend und bittend an Maria: »Heilige Jungfrau Maria, unter den Frauen in der Welt ist keine dir ähnlich geboren, Tochter und Magd des erhabensten, höchsten Königs, des himmlischen Vaters, Mutter unseres heiligsten Herrn Jesus Christus, Braut des Heiligen Geistes: bitte für uns mit dem heiligen Erzengel Michael und allen Mächten der Himmel und allen Heiligen bei deinem heiligsten, geliebten Sohn, dem Herrn und Meister.« Diese marianische Antiphon, die neben dem *Gruß an die selige Jungfrau Maria*, in dem die zeitgenössischen Preisungen Mariens litaneiartig aneinandergereiht sind, Zeugnis von Franzens Marienverehrung ablegen, ist im Verständnis der Leben-Jesu-Frömmigkeit kein vom Thema der Horen wegführender Gedanke. Denn die Marienverehrung gehörte zur Jesusfrömmigkeit der Zeit.

Der »Psalm« jeder Hore besteht aus einem Versmosaik. Nach Art der frühmittelalterlichen thematischen Psalmenflorilegien werden in freier Auswahl Verse aus verschiedenen Psalmen aneinandergereiht. Für alle ähnlichen Passionsoffizien war der Gedanke des Leidens Christi das Auswahlprinzip. Treffend ist die Zielsetzung des Passionspsalters in einem Nachtrag einer handschriftlichen Überlieferung des Offiziums charakterisiert: »Der selige Franziskus hat die vorstehenden Psalmen zusammengestellt zum Lob des Herrn und zum Gedenken an sein Leiden. Er betete sie mit großer Hingabe vor den anderen Horen und hielt so folgendes Wort Davids im Gedächtnis: ›Und zu all deinem Lob will ich noch etwas hinzufügen.‹ Daher sagte er ihm, dem gütigsten Gott, Dank, der durch das Kreuzbild von San Damiano zu ihm gesprochen

hat.« Im Rahmen der mittelalterlichen Gedächtniskultur kam solchen thematischen Gebetsreihen
eine große meditative Bedeutung zu. Die Bilder des
Textes wurden zum Stoff der Meditation und mündeten in den Aufschwung des Herzens im Gebet.

Christusmystik und Nachfolge

Die Mystik des Heiligen aus Assisi ist verschiedenen Mißverständnissen ausgesetzt. Nicht selten
bringt man sie in Zusammenhang mit einer zur
schwärmerischen Naturfrömmigkeit degenerierten
akosmischen Mystik. Vogel- und Blumenpredigt
müssen herhalten, um Franziskus zum Schutzpa-
tron der »Naturfreunde« herauszuputzen. Die
ästhetische Idylle von gestern wird heute gern mit
der Sozialkritik der Umweltschützer verbunden.
Was dann aus dem Poverello »gemacht« wird, zeigt
zum Beispiel Franco Zeffirellis englisch-italienische
Verfilmung »Brother Sun, Sister Moon«. Aus grau-
er Städte Mauern zogen Franziskus und seine Brüder wieder hinaus aufs heile Land. In diesen Deutungen jedoch überwuchert die »blaue Blume« des
naturverbundenen und sonnentrunkenen einfachen Lebens das Kreuz Christi, das ins Zentrum
von Franzens Frömmigkeit gehört.
Denn Franziskus war nicht einfach ein kosmischer
Mystiker und Dichter der Unendlichkeit, der als
Troubadour Gottes in einer heilen oder gar verzau-
berten Welt lebte. Er meditierte vielmehr das »ver-
bum abbreviatum«: das im menschgewordenen
Wort verdichtete ewige Wort. Das Wort Christi in
der Schrift und im Sakrament ist der Bezugspunkt

seiner mystischen Frömmigkeit. Im Strome der Leben-Jesu-Verehrung und der Nachfolge-Jesu-Frömmigkeit wurde ihm dieses Wort zum konkreten Bild, das als Vorbild auf die Nachbildung durch ihn wartete. Es ging in dieser Nachfolge darum nicht nur um eine äußere Nachahmung des in den Evangelien überlieferten Lebensstils Jesu, sondern um Gleichgestaltung dem inneren Menschen nach. Die oben zitierte Frage Anselms an die fromme Seele kommentiert, um was es ging. Noch deutlicher brachten die Verse der mittelalterlichen Marienklage und -bitte das Anliegen zum Ausdruck: »Heilige Mutter, drück die Wunden, die dein Sohn am Kreuz empfunden, tief in meine Seele ein.« Es geht dabei um die Konkretheit einer Mystik, deren Anliegen Angelus Silesius in den Versen ausdrückte: »Das edelste Gebet ist, wenn der Beter sich in das, vor dem er kniet, verwandelt inniglich« (Cherubinischer Wandersmann IV, 140).

Zu den vielen Andachten der mittelalterlichen Passionsfrömmigkeit gehörte als eine der ältesten die Andacht zu den fünf heiligen Wunden. Bereits Petrus Damiani sprach davon: »Der Leib des Herrn ist mit fünffachen Wunden durchbohrt, damit wir vom Angriff der Sünden geheilt werden, die durch die fünf Sinne in uns eindringen.« Noch weht aus diesen Worten die frühmittelalterliche Haltung, die Schutz vor Sünde und Abwehr der bösen Dämonen sucht. Hineingenommen in die Nachfolge-Jesu-Frömmigkeit, wandelte sich der Sinn. Wie in den gleichzeitig entstandenen Herz-Jesu-Gebeten ging es dem frommen Beter um Gleichförmigkeit mit Christus. Man darf annehmen, daß Franziskus den leidenden Christus auch im Andachtsbild der fünf heiligen Wunden betrachtete. Denn auf dem Alvanerberg empfing Franziskus, ganz Gebet geworden, die Wundmale an seinem Leib und war nun selber zu einem lebendigen Abbild des Gekreuzigten geworden. Was in einem langen Umgang mit dem Gekreuzigten sich seiner Seele eingeprägt hatte, fand damit auch körperlichen Ausdruck.

Die Stigmatisation ist darum der Schlüssel zum Verständnis des Mystikers Franziskus. Deutlich bringt den Zusammenhang die vorher erwähnte Nachschrift zum Passionsoffizium zum Ausdruck: »Und Gott prägte das Siegel seines Leidens seiner Seele ein, so daß von jener Stunde an bis zum Sterbetag seine Seele es verdiente, durch die beständige Betrachtung der Wunden Christi und durch die bitteren Tränen des Herzens mit der Seele Christi vereinigt zu werden. So verdiente durch das Erbarmen Gottes und durch die große Leidenschaft der Liebe sein Leib zwei Jahre vor seinem Tod, wie die Erscheinung des Seraphs deutlich gemacht hat, durch die heiligen Wundmale dem Leibe Christi gleichgestaltet zu werden. So sollte an ihm jenes Wort des Apostels sich erfüllen: ›Ich trage nämlich die Wundmale des Herrn Jesus an meinem Leibe.‹ « Ähnlich sagt es Bonaventura: »Glühendes Verlangen trug ihn wie einen Seraph zu Gott empor, und inniges Mitleiden gestaltete ihn dem ähnlich, der aus übergroßer Liebe den Kreuzestod auf sich nahm... Die liebevolle Erscheinung, bei der er Christi Blick auf sich ruhen sah, durchströmte ihn mit Freude; doch der Anblick seines Kreuzesleidens durchbohrte seine Seele mit dem Schwert des Mitleidens... Als die wahre Liebe Christi also den Liebenden in dessen Bild umgestaltet hatte, vollendete er die vierzig Tage, wie er es geplant hatte, in der Einsamkeit. Da aber das Fest des Erzengels Michael kam, stieg der engelgleiche Mann Franziskus vom Berge herab. Er trug dabei das Bild des Gekreuzigten an sich, das nicht Künstlerhand auf Tafeln aus Stein oder Holz gemeißelt, sondern der Finger des lebendigen Gottes den Gliedern seines Leibes eingeprägt hatte« (Großes Franziskusleben 13,3.5).

Bonaventura berichtet ausführlich über das Geschehen auf dem Berg La Verna. Er leitet seinen Bericht, in dem er die älteren Zeugnisse darüber zusammenfaßt und seiner theologischen Deutung des Heiligen als dem »Engel des sechsten Siegels« einarbeitet, mit dem Hinweis auf die Christusförmigkeit ein: »Gottes Offenbarung gab ihm darum ein, Christus werde ihm beim Aufschlagen des Evangelienbuches zeigen, was Gott an ihm und durch ihn am wohlgefälligsten sei. Als er mit großer Inbrunst gebetet hatte, nahm er das heilige Evangelienbuch vom Altar und hieß einen Gefährten, einen gottgeweihten frommen Mann, es im Namen der heiligsten Dreifaltigkeit öffnen. Als er beim dreimaligen Aufschlagen stets auf den Leidensbericht des Herrn stieß, erkannte der von Gott erfüllte Mann, er müsse, bevor er aus dieser Welt scheide, Christus in der Bedrängnis und im schmerzvollen Leiden ähnlich werden, wie er ihn zeitlebens in seinem Handeln nachgeahmt hatte. Mochte er auch durch sein früheres strenges Leben und sein ständiges Tragen des Kreuzes Christi seinen Leib bereits geschwächt haben, so erschrak er doch keineswegs, sondern fühlte sich noch mächtiger angetrieben, das Martyrium auf sich zu nehmen. Denn die unüberwindliche Glut seiner Liebe zum guten Jesus hatte sich so zu einem lodernden Feuer und zur Flamme entfacht, daß noch so viele Wasserströme seine starke Liebe nicht auslöschen konnten« (ebd. 13,2).

Die Stigmatisation, an der als historischem Faktum kaum Zweifel aufkommen dürften, wird nach dem übereinstimmenden Zeugnis aller Berichte auf den vierwöchigen Aufenthalt zwischen dem 15. August und dem 29. September 1224 auf dem Berg La Verna (bzw. Alverna), ungefähr 27 km nördlich von Arezzo im Zentralapennin gelegen, datiert. Ein kostbares Zeugnis dafür ist auch die Nachschrift des Bruders Leo in dem erwähnten Autograph: »Der selige Franziskus hielt zwei Jahre vor seinem Tod in der Niederlassung des Alverna zu Ehren der seligen Jungfrau Maria, der Mutter Gottes, und des seligen Erzengels Michael ein vierzigtägiges Fasten vom Fest der Aufnahme der heiligen Jungfrau Maria bis zum Feste des heiligen Erzengels Michael im September. Und es legte sich die Hand des Herrn auf ihn; nach Vision und Anrede eines Seraph und Einprägung der Wundmale Christi in seinem Leib verfaßte er diese Lobpreisungen. . .« Was die Hagiographie nur als wunderbaren Eingriff eines Seraph zu deuten vermochte, wird man von der Frömmigkeitspsychologie her zu verstehen haben. Der intensiven Christusfrömmigkeit des Heiligen tut ein solcher Rationalismus jedoch keinen Abbruch; ganz im Gegenteil. Dieses Verständnis unterstreicht die bis ins Körperliche hinein sich auswirkende Ergriffenheit vom leidenden Christus und macht Franziskus dadurch zu einem ganz herausragenden Zeugen der mittelalterlichen Passionsfrömmigkeit.

Im Zusammenhang mit dem *Sonnengesang* war die Rede von den guten Wörtern, mit denen Franziskus die Eigenschaften der Substantiva bestimmte. Wenn dabei die Vermutung geäußert wurde, diese nachsagende Gutheißung der Kreatur gründe in Franzens glücklicher Natur, so ist hier auf die Gnade hinzuweisen, durch die jene glückliche Veranlagung erst ihre Festigkeit fand. Weil Franziskus das lebendige gute Wort Gottes erfaßte und nachsprach, konnte er die vielen guten Worte sagen. In den Wunden des Herrn erglänzte ihm die ganze Kostbarkeit der Schöpfung. Aus seiner Jesusfrömmigkeit heraus konnte er die zerstreuten Kostbarkeiten des Kosmos sehen und preisend im Lied einsammeln. Der *Sonnengesang* war also die Ausfaltung seiner Jesusmystik, die im Aufschwung der Seele zur vollendeten Anbetung wurde. Nach dem Zeugnis des Bruders Leo schrieb Franziskus ja auch nach der Stigmatisation, indem er Gott für die ihm verliehene Wohltat dankte, den *Lobpreis Gottes* nieder.

Die Jesusmystik prägte Franziskus seit seiner Bekehrung. Den Gekreuzigten hatte Franz vor Augen, als er im *Testament* schrieb: »Und der Herr gab mir in den Kirchen einen solchen Glauben, daß ich in Einfalt so betete und sprach: Wir beten dich an, Herr Jesus Christus, ... und preisen dich, weil

du durch dein heiliges Kreuz die Welt erlöst hast«
(Testament 4–5). Vor dem Kreuzbild in der Kirche
von San Damiano betete der sich bekehrende Poverello um Erleuchtung. Die *Dreigefährten* fanden
dazu auch vom Rückblick her noch die richtigen
Worte: »Von dieser Stunde an war sein Herz ver-
wundet und wie aufgelöst im Gedächtnis an das
Leiden des Herrn. So trug er, solange er lebte, immer die Wundmale des Herrn Jesus in seinem Herzen, wie dies denn auch die Erneuerung eben dieser Wundmale, die an seinem Körper wunderbar
geschah und ganz klar bewiesen ist, glänzend offenkundig machte« (Dreigefährten 14).

Franzens äußeren Lebensstil jedoch beschrieben
die Legenden nach dem Schema des überlieferten
Asketismus und der zeitgenössischen Passionsfrömmigkeit. Die Passionsfrömmigkeit deutete das
Mitleiden als Kern der Nachfolge Jesu. Rasch konnte daraus ein asketischer Dolorismus werden, dem
das Leiden zum Selbstzweck gerann. Des heiligen
Franziskus' Mystik der Nachfolge ist von dieser
Seite her einem Mißverständnis ausgesetzt. Denn
auf den ersten Blick scheint der Dolorismus auch
auf Franziskus Schatten zu werfen. Die Legenden
suggerieren ein solches Verständnis. Auch gibt es
eine vom Heiligen überlieferte Gleichnisrede, die
im Sinne des Dolorismus gedeutet werden kann.
Es handelt sich um die Erzählung *Die wahre und
vollkommene Freude*. Sie gehört zu den bekanntesten
Berichten um Franziskus und wird meist erzählt
nach der Fassung im achten Kapitel der *Fioretti*.
Neben dieser poesievollen Nacherzählung ist noch
eine einfache Textgestalt überliefert.

Die Beispielerzählung *Die wahre und vollkommene Freude* geht auf ein Diktat des Heiligen zurück. Franziskus rief den Sekretär und diktierte Gedankengang und Stichworte. Vielleicht als Kommentar zum fünften Kapitel der *Ermahnungen* – daß niemand sich stolz erhebe, sich vielmehr im Kreuz des Herrn rühme. Die weitere Ausgestaltung überließ er dem Schreiber. Der Text der überlieferten Fassung lautet: »Daß der selige Franziskus eines Tages bei Santa Maria Bruder Leo rief und sagte: ›Bruder Leo, schreibe!‹ Er antwortete: ›Sieh, ich bin bereit!‹ ›Schreibe‹, sagte er, ›was die wahre Freude ist. Es kommt ein Bote und sagt, daß alle Magister von Paris zum Orden gekommen sind. Schreibe: das ist nicht die wahre Freude. Ebenso alle Prälaten jenseits der Alpen, die Erzbischöfe und Bischöfe; ebenso der König von Frankreich und der König von England. Schreibe: Das ist nicht die wahre Freude. Ebenso, daß meine Brüder zu den Ungläubigen gegangen sind und sie alle zum Glauben bekehrt haben; ebenso, daß ich von Gott solch große Gnade erhalten habe, daß ich Kranke heile und viele Wunder wirke. Ich sage dir, daß in all dem nicht die wahre Freude ist.

Was aber ist die wahre Freude? Ich kehre von Perugia zurück, und in tiefer Nacht komme ich hierher, und es ist Winterszeit, schmutzig und so kalt, daß die kalten Wassertropfen am Saum des Habits gefrieren und immer an die Schienbeine schlagen und das Blut aus diesen Wunden fließt. Und völlig in Schmutz und Kälte und Eis komme ich zur Pforte, und nachdem ich lange geklopft und gerufen habe, kommt der Bruder und fragt: ›Wer ist da?‹ Ich antworte: ›Bruder Franziskus.‹ Und er sagt: ›Geh fort! Es ist nicht die schickliche Zeit auszugehen. Du kommst nicht herein.‹ Und auf weiteres Drängen antwortet er: ›Geh weg! Du bist der nämliche einfältige und ungebildete Mensch. Du kommst auf keinen Fall zu uns. Wir sind so viele und von solcher Art, daß wir dich nicht brauchen!‹ Und ich stehe wiederum an der Pforte und sage: ›Um der Liebe Gottes willen, nehmt mich auf in dieser Nacht.‹ Und jener antwortet: ›Das werde ich nicht tun. Geh zu der Niederlassung der Kreuzträger (= Spital) und bitte dort.‹ Ich sage dir: ›Wenn ich Geduld habe und nicht erregt werde, daß darin die wahre Freude ist und die wahre Tugend und das Heil der Seele‹.«

Die in der Erzählung viel breiter angelegte Fassung in den *Fioretti* bringt in der Kostümprobe für die menschliche Freude andere Beispiele; auch für die Antwort werden viel derbere Bösartigkeiten des Pförtners aufgezählt. Trotz der wortreichen Weitschweifigkeit scheint dem Sinn nach die Antwort jeweils gleich: Die Quelle der wahren Freude liegt im geduldigen Ertragen der zugefügten Schmach; im Kreuz der Trübsal und der Heimsuchung, wie es in den *Fioretti* heißt. Bestünde darin der Sinn der Erzählung, hätte man es mit einer Botschaft des asketischen Dolorismus zu tun. Vielleicht hatte sich eine solche Vorstellung im Laufe der Zeit in die Überlieferung der Erzählung eingeschlichen. Franzens Sinn wurde dann aber nicht mehr getroffen. Denn ihm ging es um eine Freude in Gott, die noch vorhält, wenn alle normalen Rinnsale der menschlichen Freude vertrocknet sind. Die nicht vertrocknende Quelle der Freude war ihm Christus. Das Leiden in der Mystik der Nachfolge wandelte sich also zum Unterpfand für den verheißenen ewigen Lohn, den der durch das Leiden in die Verklärung eingegangene Christus bereithält. Die Erzählung von der wahren und vollkommenen Freude ist als Kommentar zu Mt 5,3–12 zu verstehen.

Daß die Freude und nicht das Leiden Franzens Thema war, bringt Celano in bemerkenswerter Weise in Erinnerung: »Das sicherste Mittel gegen tausenderlei Nachstellungen und Listen des bösen Feindes ist, wie unser Heiliger zu versichern pflegte, die geistliche Freude. Er sagte nämlich: ›Dann hüpft der Teufel am meisten vor Freude, wenn er einem Knecht Gottes die Freude des Geistes entreißen kann. Er trägt Staub bei sich, den er nach Belieben in die kleinen Falten des Gewissens hineinwirft, um die Sauberkeit des Gewissens und die Lauterkeit des Lebens zu beschmutzen. Wenn aber‹, sagte er, ›die geistliche Freude die Herzen erfüllt, dann spritzt die Schlange vergeblich das tödliche Gift aus. Die bösen Geister können einem Knecht Christi nichts anhaben, wenn sie ihn mit heiliger Fröhlichkeit erfüllt sehen. Wenn jedoch der Geist in kläglicher Stimmung, trostlos und traurig ist, wird er leicht entweder von der Traurigkeit aufgesogen oder eitlen Freuden überlassen.‹ Daher trachtete der Heilige danach, stets im Jubel des Herzens zu verharren, die Salbung des Geistes und das Öl der Freude zu bewahren« (2 Celano 125).

Der von der Freude umfangene Dolorismus führte Franziskus nicht in die Vereinsamung, sondern weckte die Sympathie. Erbarmen mit dem Leidenden und von Krankheiten Entstellten gehörte dazu. Die leiblichen Werke der Barmherzigkeit zu üben war in der zeitgenössischen Bußbewegung, soweit die Passionsfrömmigkeit sie prägte, zum Ausweis echter Bekehrung geworden. Der Dienst an »unseren Herren, den Kranken«, wie bezeichnenderweise in der Profeßformel des Spitalordens vom Heiligen Geist versprochen wurde, war eine Frucht der Kreuzzugsfrömmigkeit des 12. Jahrhunderts, die bei allen entsetzlichen Greueltaten im Gefolge der Kreuzzüge nicht übersehen werden sollte. Die Heiligen dieser neuen Caritas – wie etwa Elisabeth von Thüringen – pflegten in den Kranken Jesus und verehrten seine kostbaren Wunden in ihren Eiterbeulen. Visionen und wunderbare Begebenheiten bestätigten ihnen oder der Nachwelt die Richtigkeit dieser mystischen Identität. Die gleiche Erfahrung machte auch Franziskus. Im *Testament* brachte er das deutlich genug zum Ausdruck: »Denn als ich in Sünden war, kam es mir sehr bitter vor, Aussätzige zu sehen. Und der Herr selbst hat mich unter sie geführt, und ich habe ihnen Barmherzigkeit erwiesen. Und da ich fortging von ihnen, wurde mir das, was mir bitter vorkam, in Süßigkeit der Seele und des Leibes verwandelt« (Testament 1–3).

Aus seiner Mystik der Nachfolge hätte Franziskus mit dem Archidiakon Peter von Blois sagen können: »Der Arme ist der Stellvertreter Christi. Christus trauert, wenn er in ihm verworfen wird; er schämt sich, wenn er in ihm verachtet wird. Aber er freut sich, wenn er in ihm aufgenommen wird. Denn er sagt ja, was ihr einem dieser Geringsten getan habt, das habt ihr mir getan.« Zu Franziskus gehörte das Erbarmen um des sich erbarmenden Gottessohnes willen. In dieses Erbarmen bezog er auch noch die verängstigte Kreatur ein: das Häschen in der Schlinge, die sich im Netz verfangenden Fische.

Franzens erhalten gebliebener *Brief an einen Minister* (Ordensoberen) gibt einen tiefen Einblick in diese Haltung: »Alles, was dich hindert, Gott den Herrn zu lieben, und wer immer dir Schwierigkeiten machen mag, entweder Brüder oder andere, auch wenn sie dich schlagen sollten, alles mußt du für Gnade halten. Und also sollst du verlangen und nicht anders. Und dies gelte dir um des wahren Gehorsams willen gegen Gott den Herrn und gegen mich; denn ich weiß sicher, daß dies der wahre Gehorsam ist. Und liebe jene, die dir solches antun. Und du sollst nichts anderes von ihnen verlangen, als was der Herr dir geben wird. Und darin liebe sie; und du sollst nicht verlangen, sie möchten um deinetwillen bessere Christen sein. Und dies soll dir mehr sein als eine Einsiedelei. Und darin will ich erkennen, ob du den Herrn und mich, seinen und deinen Knecht liebst, wenn du folgendes tust, nämlich: es darf keinen Bruder auf der Welt geben, mag er gesündigt haben, soviel er nur sündigen konnte, der deine Augen gesehen hat und dann von dir fortgehen müßte ohne dein Erbarmen, wenn er Erbarmen sucht. Und sollte er nicht Erbarmen suchen, dann frage du ihn, ob er Erbarmen will. Und würde er danach auch noch tausendmal vor deinen Augen sündigen, liebe ihn mehr als mich, damit du ihn zum Herrn ziehst« (2–11).

Ein kostbares Zeugnis von Franzens tiefer Menschlichkeit ist im *Brief an Bruder Leo* erhalten geblieben. Das Pergamentblatt mit den rasch hingeschriebenen Zeilen wird bis heute im Dom von Spoleto aufbewahrt. Innere und äußere Gründe reichen hin, das Schriftstück als ein Autograph des Heiligen auszuweisen. Der Inhalt des Briefes ist folgender: »Bruder Leo, dein Bruder Franziskus wünscht dir Heil und Frieden. So sage ich dir, mein Sohn, wie eine Mutter, weil ich alle Worte, die wir auf dem Wege gesprochen haben, kurz in diesem Wort unterbringe und rate – und wenn es dir nachher (doch) nottut, um einen Rat zu mir zu kommen – so also rate ich dir: Auf welche Weise auch immer es dir besser erscheint, Gott, dem Herrn, zu gefallen und seinen Fußspuren und seiner Armut zu folgen, so tut es mit dem Segen Gottes, des Herrn, und mit dem Gehorsam gegen mich. Und wenn es dir notwendig ist, um deiner Seele oder deines sonstigen Trostes willen zu mir zu kommen, und wenn du zu mir kommen willst, Leo, so komm.«

In dem Gespräch der beiden dürfte es um die Form der Nachfolge Jesu in der franziskanischen Bruderschaft gegangen sein, mit der Bruder Leo wahrscheinlich Schwierigkeiten hatte und die Franz zu beheben versuchte. Der Verunsicherte wurde jedoch nicht einfach mit ein paar Zeilen dem eigenen Kummer überlassen; Franziskus stand zu Rat und Trost bereit.

Der große Beter und Mystiker Franziskus war zwar mit dem letzten Geheimnis seiner Persönlichkeit dem Göttlichen zugekehrt. Dieser die ganze Person erfassende Bezug zum »Absoluten« hinderte ihn jedoch nicht, mit den Menschen und den alltäglichen Dingen verbunden zu bleiben. Die gnostische Versuchung zur Mystik des Absoluten, die asketisch alles Irdische vergleichgültigte, war für sein Naturell und seine Frömmigkeit keine Versuchung. Franziskus war als Mystiker wie ein umgewendeter Baum. Die Wurzeln waren nach oben gerichtet, hin zum Göttlichen; die Zweige und Äste wuchsen jedoch hinein in die Schöpfung. Weil er das Göttliche in dem Menschen Jesus anwesend glaubte, war der Aufstieg zu den Wurzeln zugleich auch ein Abstieg.

Dem der Schöpfung zugekehrten Christus suchte Franziskus in seiner Mystik der Nachfolge zu leben. Die Verbundenheit mit aller Kreatur gehörte dazu wie auch die mit der Kirche, aus deren Gebetstraditionen Franziskus lebte. Beide Anliegen sollten die Bruderschaft prägen, in der sein Abstieg zu den Menschen besondere Gestalt gewann.

3
Die franziskanische Bruderschaft

Der heilige Franziskus vermachte sich testamenta-
risch seiner Bruderschaft. Das Ideal seiner Person
sollte das des Werkes beleben und bestimmen. Von
der franziskanischen Bruderschaft zu Lebzeiten
Franzens muß ausführlich gesprochen werden. In
den folgenden drei kürzeren Abschnitten geht es
um die Rechtsgestalt und die kirchliche Anerkennung der Gemeinschaft. In dem sich anschließenden längeren vierten Abschnitt ist dann die franziskanische Bruderschaft nach ihren wichtigsten
Merkmalen zu beschreiben.

Bruderschaft freiwilliger Büßer

Auf die Frage, woher sie kämen, hätten die ersten
Brüder der franziskanischen Gemeinschaft zur
Antwort gegeben, »sie seien Männer der Buße, aus
der Stadt Assisi stammend« (Dreigefährten 37). Bekehrung zur Buße und gemeinschaftliches Leben
der Buße kann als Ziel und Inhalt der franziskanischen Lebensweise angegeben werden. Darauf ist
an späterer Stelle noch einzugehen (vgl. unten
S. 140). Zunächst öffnet das Stichwort »Buße« jedoch einen Zugang zur Einordnung der franziskanischen Bruderschaft in die zeitgenössische Bußbewegung. »Männer der Buße« gab es damals viele.

Nicht nur Franziskus, Hunderte begannen an der Wende vom 12. zum 13. Jahrhundert in Italien freiwillig ein Leben in Armut, Entbehrung und Einsamkeit zu führen. Diese freiwilligen Büßer, die sich für den Weg der verachteten Armut und der demütigenden Buße entschieden, kamen aus allen sozialen Schichten. Auch Neureiche aus dem Kaufmannsstand waren dabei. Johannes Bonus aus Mantua, Galganus, der Tuchhändlersohn von Chiusdino, Rainer von Pisa, Albert von Montalceto und die sieben Florentiner, die sich als Stifter des Servitenordens zusammentaten – um nur einige aufzuzählen. In den Bergen der Marken, der Toskana und Umbriens führten viele dieser Bekehrten ein eremitisches Büßerleben, zuweilen als einzelne, meist in einer eremitischen Gemeinschaft. Die Tradition dieser italienischen eremitischen Bußbewegung läßt sich bis ins 11. Jahrhundert zurückverfolgen. Was damals aber nur Sache von Mönchen war, wurde im Verlaufe des späteren 12. und des beginnenden 13. Jahrhunderts zum religiösen Ideal vieler Laien.

Das Motiv für die Bekehrung zur Buße dürfte hier wie dort das gleiche gewesen sein. Denn in der religiösen Welt des Mittelalters konnte sich eigentlich niemand ruhigen Gewissens auf die Welt einlassen. Von einer »Weltlichkeit der Welt« sprach niemand, und humanistische Diesseitsfrömmigkeit war kein Ideal. Die Sterne am Firmanent leuchteten für den Himmel: die wahre Heimat des Menschen. Gebet, Liturgie und Verkündigung waren auf dieses Ziel hin ausgerichtet und warnten zugleich unermüdlich vor den Gefahren, die den Wanderer zur

Heimat, die in sich die wahren Freuden berge, bedrohten. Wer diese Predigt ernst nahm, mußte eigentlich die Welt verlassen und dem Besitz entsagen. Asketische Armut und Ehelosigkeit wurden darum als die sichersten Mittel gepriesen, mit denen man sich der Augen- und Fleischeslust und der Hoffart des Lebens erwehren konnte. Nicht erst das Gewinnstreben der beginnenden Geldwirtschaft in den sich urbanisierenden gesellschaftlichen Schichten löste die Gewissenskrise aus. Es verstärkte jedoch den Eindruck des Widerspruchs von Welt und Evangelium und machte ihn breiteren Schichten als in der feudalen und agrarischen Gesellschaft des frühen Mittelalters bewußt. Denn das Evangelium verurteilte den Mammonsdienst und tat Geld, Reichtum und Besitz als Schätze ab, die Rost und Motten fraßen.

Die meisten Menschen halfen sich mit einem Kompromiß. Sie beruhigten ihr Gewissen, indem sie andere in Stellvertretung das evangelische Leben führen ließen, um auf diese Weise Anteil am Lohn der Frommen im Himmel zu erlangen. Eine solche Funktion hatte schon längst das der Gesellschaft integrierte Kloster alten Stils. Der Mönch, der die Welt verlassen hatte, wurde dafür von der Welt belohnt. Kloster und Welt waren also wieder miteinander verbunden! Den Bekehrten der Bußbewegung, der sich im Verlaufe des 12. Jahrhunderts immer mehr Laien angeschlossen hatten, um das alte monastische Anliegen der Freiheit für das »Leben des Evangeliums« sich zu eigen zu machen, genügte eine solche klösterliche Lebensweise nicht mehr. Nur durch radikale Weltflucht glaubten sie dem

Sog der Integrierung in die fromme Gesellschaft noch vorbeugen zu können. Der asketische Rigorismus entsprang also weniger dem Protest gegen die Lebensweise der »Welt« als vielmehr der Sorge um das eigene Heil durch das Leben des Evangeliums.

Nicht alle Bekehrten konnten und wollten sich in die abseits der menschlichen Siedlungen gelegenen »Wüstungen« zurückziehen, um ungestört das Leben der Buße zu führen. Sie mußten sich also in der Welt nach einem Schutz ihrer weltabgekehrten Lebensweise umsehen. Den aber konnte, so wie die Dinge lagen, nur die Kirche geben. Man darf ja nicht meinen, in der eng und streng gegliederten mittelalterlichen Gesellschaft – auch der des städtischen Italiens des endigenden 12. und beginnenden 13. Jahrhunderts –, hätte jemand auf eigene Faust den »alternativen Lebensstil« erproben und in einer Art von »großer Verweigerung« den Pflichten der Stadtgemeinde als Bürger sich ohne weiteres entziehen können.

In der sich urbanisierenden Gesellschaft galten zwar nicht mehr die engen Bindungen an Haus und Herrn, die für die agrarische Welt des Mittelalters charakteristisch waren. Stadtluft machte frei! Aber sie beseitigte nicht alle Abhängigkeiten. Der persönlichen Freizügigkeit waren im städtischen Schwurverband Grenzen gesetzt. Und dann gab es die hausherrliche Gewalt des Familienvaters. Der einzelne konnte also aus den vorgegebenen gesellschaftlichen Bindungen und Verpflichtungen nur ausbrechen, wenn er den weltlichen gegen den kirchlichen Stand eintauschte. Zum kirchlichen

Stand aber gehörten auch die Büßer. Wer diesem Stand angehörte, war in einem gewissen Sinn eine »gefreite Person«. Der freiwillige Büßer fand damit für seine Lebensweise eine Rechtsgrundlage.

Unter dem Stand der freiwilligen Büßer darf man sich allerdings keinen »Orden« vorstellen. Der Begriff »Büßerstand« verweist von Name und Sache her auf die altkirchliche Bußpraxis. Danach mußten die öffentlichen Sünder in einem genau geregelten kirchlichen Bußverfahren öffentliche Buße tun, bis sie wieder als vollwertige Mitglieder der Gemeinde Anerkennung fanden. Seit dem frühen Mittelalter war auch der Eintritt in den Mönchsstand als lebenslängliche Buße vorgesehen. Denn dieser Stand galt überhaupt als Lebensform beständiger Buße. Im Verlaufe des frühen Mittelalters zersetzte sich zwar das altkirchliche Bußwesen. Im Schritt zur Beichte wandelten sich auch die Vorstellungen von Buße. Das Ergebnis war im Blick auf die Lebenspraxis ein eigenartiger Kompromiß von Veräußerlichung und Verinnerlichung zugleich. Durch die Betonung der Reue wurde nämlich die Bußgesinnung verinnerlicht, durch die jederzeit wiederholbare Privatbeichte jedoch auch der Bußernst geschwächt. Vereinfacht und zugespitzt kann man dazu sagen: Die Vergebung der Sünden wurde leichter gemacht.

Den Ernsten und Frommen, die ein waches Bewußtsein des Risses zwischen Gnade und Natur, Himmel und Erde, Evangelium und Leben umtrieb, war dieser Weg der Vermittlung und der Versöhnung der Gegensätze zu wenig. Der Mönchsstand als ständige Buße bot ihrem Konflikt einen

Ausweg. Zunächst durch Übernahme des mönchischen Lebens im zeitgenössischen Kloster. Seit der zweiten Hälfte des 12. Jahrhunderts zunehmend auch in außerklösterlichen und nebenklösterlichen Lebensformen. Und schließlich als freiwillige Büßer im Rahmen der Bußbewegung des endigenden 12. und beginnenden 13. Jahrhunderts. Im »Leben nach dem Evangelium« sah man in diesen Kreisen den Bußernst verwirklicht.

Bei den freiwilligen Büßern meist laikaler Herkunft ist auf Lebensform und Inhalt zu achten. Die äußeren Lebensformen waren wenig geregelt. Man konnte als Einzelner oder in Gemeinschaft das Bußleben führen, in scharfer Trennung von der bisherigen Umwelt oder auch im Kreise der Familie der asketischen Lebensweise nachgehen und so etwas wie ein Familienasket werden. In der alten Kirche gab es diese Lebensweise, die als Vorform des Mönchtums angesehen werden muß und die als Neben- und Nachform des klösterlichen Lebens im späteren Mittelalter zur vielfältigen und weitverbreiteten Praxis wurde. In den äußeren Formen gab es also viele Möglichkeiten. Dem Inhalt nach war die Sache jedoch eindeutig. Auch die laikalen und außermonastischen freiwilligen Büßer trennten sich von der Welt. Sie beerbten das monastische Selbstverständnis, zu dem Verachtung der Welt und Flucht aus der Welt gehörten. In freiwilliger Buße verzichteten sie auf Besitz, um in Armut und Ehelosigkeit ein strenges asketisches Leben zu führen.

Die Bekehrung des Heiligen aus Assisi wie auch die Anfänge seiner Bruderschaft sind in den Zusammenhang mit dieser Bußbewegung zu stellen. Franziskus hatte sich also einer schon vorhandenen Bewegung angeschlossen. Viele der zahlreichen Bekehrten, die als Einzelne oder in Gruppen lebten, stießen dann zu den Minderen Brüdern und trugen so zur erstaunlich raschen und weiten Verbreitung der franziskanischen Gemeinschaft bei. In gar nicht wenigen Fällen lassen sich zum Beispiel auch Niederlassungen der Minderbrüder auf solche »Franziskaner vor den Franziskanern« zurückführen.

Die Franziskusdeutung der Legenden war natürlich daran interessiert, das Einmalige und Besondere der Entstehung des Minderbrüderordens herauszuheben. Für sie war Franziskus die einzige und ausschließliche Quelle der »evangelischen Lebensweise«. Eine solche Deutung entspricht dem hagiographischen Stil der Berufungsgeschichten, trifft aber nicht den historischen Sachverhalt. Die Franziskuserzählung der Legenden malte allerdings nur aus, was Franziskus in dem kurz vor seinem Tode diktierten *Testament* selber dazu gesagt hatte: »So hat der Herr mir, dem Bruder Franziskus, gegeben, das Leben der Buße zu beginnen: denn als ich in Sünden war, kam es mir sehr bitter vor, Aussätzige zu sehen. Und der Herr selbst hat mich unter sie geführt, und ich habe ihnen Barmherzigkeit erwiesen. Und da ich fortging von ihnen, wurde mir das, was mir bitter vorkam, in Süßigkeit der Seele und des Leibes verwandelt. Und danach hielt ich eine Weile inne und verließ die Welt. . . Und nachdem mir der Herr Brüder gegeben hat, zeigte mir niemand, was ich zu tun hätte, sondern der Höchste selbst hat mir geoffenbart, daß ich nach der Vorschrift des heiligen Evangeliums leben sollte« (Testament 1–3.14). So bringt sich prophetisches Erwählungs- und Sendungsbewußtsein ins Wort, und das Gesagte entspricht natürlich der subjektiven Überzeugung. Doch diese ist etwas anderes als der objektive Tatbestand. Franziskus knüpfte an Vorhandenes an. Auch sein Werk war ein von Bedingungen bedingtes und nicht einfach das Ergebnis eines angeblich voraussetzungslosen und unvermittelten Rückgriffs auf das »Evangelium«. So wie die Frömmigkeit des Heiligen durch vielfache Bande mit Tradition und Zeit verbunden war, so auch sein »Leben des Evangeliums«.

Im Gegensatz zu einer verbreiteten Auffassung von der unvergleichlichen Ursprünglichkeit, mit der Franziskus und seine Bruderschaft das »Leben des Evangeliums« geführt hätten, ist nachdrücklich auf Zusammenhang und Vergleichbarkeit mit den zeitgenössischen Bußbruderschaften hinzuweisen. Erst durch die Herausstellung des Allgemeinen an der Bußbewegung der Zeit kann dann das Besondere von Franzens Anliegen erfaßt werden. Aus dem Zusammenhang von franziskanischer Bruderschaft und allgemeiner Bußbewegung der Zeit lassen sich Folgerungen ziehen, die für die inhaltliche Bestimmung des »Lebens der Buße« und den rechtlichen Status des bekehrten Franziskus wichtig sind.

Zunächst ist auf die inhaltliche Bestimmung des »Lebens der Buße« einzugehen. Die verschiedenen Gruppen der Bußbewegung hatten sich auf ihre Weise das monastische Anliegen, abseits von der

Welt das Leben des Evangeliums zu führen, zu eigen gemacht (vgl. dazu unten S. 171). Von der monastischen Tradition gespeist war danach auch das Verständnis des evangelischen Lebens. Die asketische Auslegung bestimmte alles. Sie war der Schlüssel zum Schriftverständnis. Das gilt in formaler wie auch inhaltlicher Hinsicht. Das entscheidende Stichwort für den monastisch-asketischen Evangelismus gab der Begriff »Buße«. Er erschloß den Zugang zum Evangelium und bestimmte dessen Inhalt. Im Schriftwort »Die Zeit ist erfüllt, das Reich Gottes ist nahe. Kehrt um und glaubt an das Evangelium« (Mk 1,15) fand sich zum Beispiel dieses Verständnis bestätigt. Denn bei »kehrt um« dachte das fromme Mittelalter nicht an die Bedeutung von »Umkehr«, wie sie die moderne Exegese erschließt, sondern hielt sich am lateinischen Wort fest (poenitere = Buße tun). In einer langen und bis ins zweite Jahrhundert zurückreichenden Auslegungsgeschichte war der Inhalt dieses zentralen Begriffs festgelegt worden. Buße wurde als Wiedergutmachung verstanden. Der Schaden, der durch jede Sünde in Zeit und Ewigkeit angerichtet worden war, mußte durch eine entsprechende Bußleistung aufgewogen werden.

Die freiwilligen Büßer, die alles auf die Karte des Reiches Gottes setzten und »dem Evangelium glaubten«, machten darum aus ihrem ganzen Leben nach der Bekehrung eine Buße, indem sie die asketische Lebensweise auf sich nahmen. Konkrete Anweisungen für ein solches Leben enthielt das Evangelium ja nicht wenige. Das Bußleben dieser zum Evangelium Bekehrten diente natürlich weniger der Buße für begangene Sünden, sondern war auf den »ewigen Lohn« ausgerichtet. Die Ergriffenheit vom ewigen Lohn des Himmels muß aus der asketischen Bekehrung zum Leben des Evangeliums herausgehört und entsprechend gewürdigt werden. Das macht den Hauptgedanken aus, dem Lohn, Leistung und Asketismus untergeordnet sind.

In der monastisch-asketischen Tradition hielt man sich unbefangen an die Worte des Evangeliums, die himmlischen Lohn verhießen; und an die Gnade, der alles zu verdanken sei. Franziskus brachte mit der Mahnung »wo immer man sie nicht aufnimmt, sollen sie in ein anderes Land fliehen, um mit dem Segen Gottes Buße zu tun« (Testament 26) keinen neuen Gedanken ein. Denn sowohl Bekehrung zur Buße als auch Beharrlichkeit in der Buße wurden in der monastisch-asketischen Tradition als Gnade begriffen. So könnte man sagen, daß auch in diesem Verständnis des Evangeliums, das die Werke der Buße so stark hervorkehrte, »Rechtfertigung aus dem Glauben« keine ganz fremde Vokabel war.

Es ging um einen Asketismus um des Himmelreiches willen. Auf das Motiv muß man achten. Die Einfärbung mit gnostischen Vorstellungen, insbesondere dort, wo die akosmischen Spekulationen nicht durch die der Schöpfung zugekehrte Leben-Jesu-Frömmigkeit korrigiert wurde, wird nicht in Abrede zu stellen sein. Der zeitgenössische asketische Rigorismus, den Franziskus zum Beispiel in bezug auf die Armut bis ins Extrem steigerte, hat auch eine soziale Seite: Die religiöse Gesellschaft des Mittelalters – und eine andere als die religiöse gab es nicht – versuchte ständig, sich das monastisch-asketische »Leben des Evangeliums« dienstbar zu machen. Dieser Absorptionsgefahr konnte man sich nur durch noch größere asketische Absonderung von der Welt erwehren.

Auf den ersten Blick nimmt sich das aus wie radikaler Asketismus und verbaler Biblizismus. In Wirklichkeit jedoch wurde im jeweiligen sozialwirtschaftlichen Umfeld eine Lebensweise erprobt, durch die die Freiheit des »Lebens des Evangeliums« garantiert schien. Das städtische Milieu des beginnenden 13. Jahrhunderts ermöglichte zum Beispiel die Existenzsicherung durch den Bettel (vgl. dazu auch unten S. 199). Die entsprechenden Bibelstellen von Heimatlosigkeit und Armut wurden jetzt zum Bestandteil des »Lebens des Evangeliums«. Was also im einzelnen zur evangelischen Lebensweise gehörte, wurde im sozialen und wirtschaftlichen Kontext »ausgehandelt«. Dessen Gefahren und Möglichkeiten entschieden über die konkrete Gestalt des »Lebens des Evangeliums«. Die franziskanische Bruderschaft tastete in dem ersten Jahrzehnt ihres Bestehens die Möglichkeiten ab.

Die Verbindung des heiligen Franziskus mit der zeitgenössischen Bußbewegung gibt auch Aufschluß über den »rechtlichen Status« seit seiner Bekehrung zur Buße. Diese erfolgte nicht in einem einmaligen und überwältigenden Erlebnis, sondern war das Ergebnis eines sich über Jahre hinziehenden langsamen Reifungs- und Klärungsprozesses. Sich dafür bei der Psychologie nähere Auskünfte zu holen liegt nahe. Man könnte auf die gängigen Schemata des Vater-Sohn-Konfliktes und der Mutterbindungen hinweisen. Adolf Holl beispielsweise ergeht sich in seinem Franziskusbuch (»Der letzte Christ«, 1979) in derartigen Überlegungen. Doch das bleibt letztlich ein »bodenloses« Unterfangen mit dem anrüchigen Beigeschmack der Reduzierung des Geistes auf den Trieb: Askese aus dem Ressentiment der Verklemmung und Ohnmacht abgelebter Greise! Franziskus jedoch war voll jugendlicher Vitalität. In seiner Heimatstadt, die jeden auf das »Gemeinwohl« verpflichtete und den Menschen nach Besitz und Leistung taxierte, dürfte der sensible und mit einem natürlichen Gespür für das Heilige begabte junge Mann die Widersprüche und Kompromisse gespürt und in der asketischen Lebensweise eine Lösung gesucht haben. Der Kompromiß kam also für ihn nicht in Frage. Er wich nicht auf die bestellte Stellvertretung durch andere aus, sondern wurde selber zum Asketen, der die Welt verließ.

Seine »große Weigerung« machte ihn jedoch nicht einfach ort- und standlos. Er gehörte zum Stand der Büßer und fand dadurch auch Anerkennung und Schutz seitens der kirchlichen Obrigkeit. Aus der bekannten Erzählung der dramatischen Auseinandersetzung zwischen Vater und Sohn vor Bischof Guido II. von Assisi (1206) dürfte sich als Kern diese Statusänderung herausschälen lassen. Folgt man den Erzählungen über Franzens Bekehrung, so ergibt sich dieser Sachverhalt: Der um seinen Weg ringende und in der Richtigkeit seines Tuns durch Visionen bestätigte junge Mann entfremdete sich durch sein Verhalten mehr und mehr den Vorstellungen und kaufmännischen Maximen des Elternhauses. Schließlich ließ er sich in San Damiano nieder. Der dort tätige Priester gewährte ihm Unterschlupf. Pietro Bernardone ließ den Sohn mit Gewalt in die Stadt schaffen und klagte vor dem Stadtgericht. Dieses verwies den Kläger an die bischöfliche Zuständigkeit. Das Ergebnis der Verhandlung ist bekannt: Franz wird von den Verpflichtungen dem Vater gegenüber freigesprochen. Er legt die weltlichen Kleider, die ja noch dem Vater gehören, ab und zieht ein Bußgewand an. Für jedermann ist nun erkenntlich, daß Francesco Bernardone zum Stand der kirchlich geschützten Büßer gehört. Das bislang eher private Bußleben eines religiös Ergriffenen fand also öffentliche Anerkennung. Franziskus hatte für sein Leben in freiwilliger Buße eine Rechtsgrundlage gefunden. Er wurde eine »gefreite Person«, der die väterliche Hausgewalt nichts mehr anhaben konnte.

In die geraffte Deutung könnten von den Legenden her weitere Einzelheiten eingefügt werden. So entgegnete nach dem Bericht der *Dreigefährten* Franziskus den Gerichtsboten, »er sei bereits durch Gottes Gnade frei und unterstehe nicht mehr den Konsuln, weil er einzig und allein Diener des höchsten Gottes sei«. Diese Auffassung machten sich die Konsuln zu eigen und ließen den Vater wissen: »Seitdem er in Christi Dienst getreten ist, steht er außerhalb unseres Machtbereiches« (Dreigefährten 19). Manche Historiker schließen aus der Stelle, Franziskus habe sich zuvor der Kirche von San Damiano als Oblate (Diener) geweiht. In den Legenden ist auch die Rede von einem mehrfachen Kleiderwechsel; zuerst von »Kleidern der Armen«, dann von einem Gewand, »ähnlich dem eines Einsiedlers« und schließlich von einem »unansehnlichen und schmucklosen Gewand« (ebd. 10; 21; 25). Am Kleiderwechsel interessierte die Legende nur der Schritt Franzens vom Büßer zum Ordensstifter, der vom Papst die Bestätigung der »evangelischen Lebensweise« erlangte. Ausgeklammert blieb jeder Hinweis auf eine »Anerkennung« der Lebensweise des heiligen Franziskus als Büßer vor seinem Gang nach Rom.

Diese ist allerdings nicht genau zu erfassen und zu beschreiben. Die zahlreichen Bruderschaften mit religiösen, kulturellen und sozialen Funktionen in den Städten galten als religiöse Vereinigungen und unterstanden der bischöflichen Jurisdiktion. Rechte und Pflichten waren durch Statuten genau geregelt. Von solchen statutenhaften Regelungen der Bußbruderschaften kann natürlich nicht die Rede sein. Diese Gemeinschaften wollten ja in nichtklösterlicher Weise das monastisch-asketische Leben führen. Spontaneität und »Ungeregeltheit«, vor allem in der Phase des Anfangs, gehörten zu ihnen. Es wird an der jeweiligen kirchlichen Obrigkeit gelegen haben, ob sie die ungeregelten Formen des »Lebens der Buße« anerkannte und zum Stand der kirchlich geschützten Büßer zählte. Im Falle der Bekehrung des heiligen Franziskus dürfte dem so gewesen sein. Bischof Guido anerkannte Franziskus als Büßer und gewährte ihm Schutz, um in Freiheit das »Leben des Evangeliums« führen zu können. In diese Freiheit wurden dann auch die ersten Gefährten einbezogen. Die franziskanische Bruderschaft des Anfangs kann man demnach als eine diözesane Bruderschaft von freiwilligen Armen bezeichnen; sie waren die »Männer der Buße, aus der Stadt Assisi stammend«.

Als Persönlichkeit mit großen natürlichen und religiösen Begabungen war Franziskus ein Exponent des religiösen Aufbruchs zur Buße. Daß sich um diese charismatische Persönlichkeit mit außerordentlicher Anziehungskraft bald Gleichgesinnte sammelten, versteht sich fast von selbst. Teils waren das alte Gefährten seiner Jugendjahre aus Assisi – wie Bernhard von Quintavalle -, teils Männer der Stadt – wie der Rechtsgelehrte Petrus Cathanii und der Kanoniker Silvester – und ihrer Umgebung, die für ihr Leben in freiwilliger Buße von Franz Führung und Wegweisung erwarteten. Bis 1209/10 waren es ihrer schon elf, die sich Franziskus angeschlossen hatten. In den Franziskuserzählungen ist viel Stoff zu den Gefährten und der Lebensweise der Brüder unter Franzens Leitung zusammengetragen. Aber auch in diesem Falle ist es so, daß das Historische vom Anekdotischen überwuchert wird. Einen festen und unbestrittenen Punkt gibt es jedoch. Franziskus begab sich mit seinen Gefährten 1210 (1209?) an die Kurie nach Rom, um seine Lebensweise bestätigen zu lassen. Um dieses Faktum sind die weiteren Erörterungen zu gruppieren.

Päpstliche Bestätigung der evangelischen Lebensweise?

Die »zwölf Apostel« des evangelischen Lebens vor dem apostolischen Herrn in Rom! Schon in den Franziskuserzählungen der Frühzeit wurde die Begegnung zum Kolossalgemälde gesteigert, in dem der Kontrast von hellen und dunklen Farben eine dramatische Spannung ergibt. Die moderne Franziskusforschung malt auf ihre Weise an diesem Bild weiter. Denn je nach persönlicher Überzeugung wird aus Franzens Auftritt in Rom eine geschichtsmächtige und dramatische Begegnung zwischen evangelischer Inspiration und kirchlicher Institution, zwischen göttlichem Recht des Evangeliums und menschlichem Recht der Kirche, zwischen armer Nachfolge Jesu und reicher Machtkirche, zwischen Prophet und Priester. Das eine vertreten in der Gestalt des Poverello und seiner Gefährten, das andere in Papst Innozenz III. und der Römischen Kurie.

Man ist also mitten drin in der »franziskanischen Frage«, wie sie der Franziskusforscher Paul Sabatier (Vie de saint François d'Assisi, 1894) stellte und auf seine Weise beantwortete. Immer noch wirkt sein Urteil nach. Zwar nicht mehr so schroff, sondern differenzierter und vorsichtiger, dennoch im Endurteil mit dem gleichen Ergebnis: Die »Amtskirche« von damals habe die Erneuerung der Christenheit aus der Kraft des Evangeliums verhindert. Sie habe den evangelischen Aufbruch der franziskanischen Bruderschaft niedergehalten bzw. verfälschend umgebogen und Franziskus das Rück-

grat gebrochen. Teile der katholischen Franziskusforschung leisten solchen Vorstellungen indirekt
Vorschub, indem sie in zuweilen unerträglicher
Weise für den franziskanischen Aufbruch einen
unvermittelten und genuinen Rückgriff auf das
Evangelium postulieren. Das pastorale Pathos im
Dekret des Zweiten Vatikanischen Konzils über die
Erneuerung des Ordenslebens aus dem Evangelium und der Inspiration des Anfangs hat diese Tendenz noch gefördert. Die verbreitete Aversion gegen alles Institutionelle und Rechtliche tut dabei
ein übriges. Auf dieser Brücke scheinen sich inzwischen die Feinde von gestern zu begegnen und ver-
breiten gemeinsam ein entsprechendes Franziskus-
bild, das, weil es die Ängste und Visionen, die
Hoffnungen und Utopien von heute in Franziskus
personifiziert, mit Zustimmung rechnen kann.

Ein ganzes Bündel von Voraussetzungen wird als
Thema in die Franziskusdiskussion eingebracht.
Da spielt eine Rolle die Auffassung vom Gegensatz
zwischen der durch die Kirche verwalteten und
normierten Frömmigkeit und der freien »Herzens-
religion« einer nur Gott und seinem Gewissen verpflichteten Persönlichkeit. Geflissentlich wird dabei übersehen, daß die Frömmigkeit des heiligen
Franziskus gerade aus der Tradition des kirchlichen
Betens lebte.

Auch der reformatorische Gegensatz von Gesetz
und Evangelium wird ins Spiel gebracht. Im Leben
des Franziskus sei das »wahre Evangelium« aufge-
leuchtet, das jedes gesetzliche Verständnis aus-
schließe. Das Verhältnis von Gesetz und Evangelium in dieser Zuspitzung war jedoch ein Problem

des 16. Jahrhunderts und noch nicht eines des Mittelalters. Zudem hängt die Frage nach der inhaltlichen Bestimmung des angeblich gesetzesfreien franziskanischen »Lebens des Evangeliums« mit dem Problem der sogenannten »Urregel« zusammen, die zu rekonstruieren kaum mehr möglich sein dürfte (vgl. dazu unten S. 136).

Das »Leben des Evangeliums« spielt dann noch in einer ganz anderen Auffassung eine Rolle. Franziskus habe die aus dem Evangelium erschlossene Lebensweise in die Kirche seiner Zeit einbringen wollen. Von großem apostolisch-evangelischen Sendungsbewußtsein beflügelt, sei er nach Rom gekommen, um sich vom Papst die Sendung dafür bestätigen zu lassen. Die Deutung, die dem Franziskus der Jahre 1209/10 bereits ein weitausgreifendes Konzept zuspricht, kann sich auf die frühen Franziskuserzählungen berufen und in gewisser Weise auch auf Franziskus selber. Denn diese Zeugnisse sprechen von einer Regelbestätigung durch den Papst.

So schreibt Celano: »Da der selige Franziskus sah, daß Gott der Herr täglich die Brüderzahl mehrte, schrieb er für sich und die Brüder, gegenwärtige wie zukünftige, schlicht und mit wenigen Worten eine Lebensform und Regel, zu der er hauptsächlich die Worte des heiligen Evangeliums benützte, dessen Vollkommenheit einzig er sehnlich anstrebte. Er fügte nur wenig andere Vorschriften bei, die für ein Ordensleben durchaus notwendig waren. Darauf wanderte er mit all den genannten Brüdern nach Rom, da er großes Verlangen hatte, daß ihm vom Herrn Papst Innozenz III. bestätigt werde, was er geschrieben« (1 Celano 32). Zuvor schon und ganz ähnlich die *Nichtbullierte Regel:* »Dies ist das Leben des Evangeliums Jesu Christi, welches Bruder Franziskus vom Herrn Papst Innozenz erbeten hat, daß es ihm gewährt und bestätigt würde. Und dieser gewährte und bestätigte es ihm und seinen Brüdern, den damaligen und den zukünftigen« (Prolog 2). Zugrunde liegt allen das Zeugnis des Heiligen selber: »Und nachdem mir der Herr Brüder gegeben hat, zeigte mir niemand, was ich zu tun hätte, sondern der Höchste selbst hat mir geoffenbart, daß ich nach der Vorschrift des heiligen Evangeliums leben sollte. Und ich habe es mit wenigen Worten und in Einfalt schreiben lassen, und der Herr Papst hat es mir bestätigt« (Testament 14–15).

Das Problem, das zur Lösung ansteht, läßt sich in folgenden Überlegungen zusammenfassen: Die Zeugnisse der franziskanischen Anfänge sprechen von einer Bestätigung der Regel durch Papst Innozenz III. Da aber die »Regel« identisch war mit dem »Leben des Evangeliums«, müßte dieses Anerkennung gefunden haben. Nach einer verbreiteten Meinung jedoch habe die durch eine Offenbarung des »Höchsten« gefundene Lebensweise sich mit den Vorstellungen der Männer an der Kurie in Widerspruch befunden und sie an den zeitgenössischen häretischen Evangelismus erinnert, den es als große Gefahr zu bekämpfen galt. Das »Leben des Evangeliums«, wie es Franziskus durch eine Offenbarung empfing, konnte also keine Anerkennung finden. Weil man den demütig auftretenden und kirchlich gesinnten Bittsteller jedoch nicht vor den Kopf habe stoßen wollen – teils aus innerer Unsicherheit, teils aus Angst, Franziskus würde zu den Häretikern abwandern –, habe man ihm mündliche Zusagen gemacht. Unter dem Druck einer wachsenden kurialen Fürsorge für die franziskanische Gemeinschaft in den folgenden Jahren sei dann das »Leben des Evangeliums« korrigiert und ergänzt worden. Die Einbindung der franziskanischen evangelischen Lebensweise in das kirchliche Ordensrecht, das heißt die Verwandlung des Evangeliums in ein Gesetz, sei der Preis für die zu einem späteren Zeitpunkt erfolgte definitive päpstliche Bestätigung der Regel gewesen.

Die Hauptstütze dieser Deutung, die in der »franziskanischen Frage« einen wichtigen Platz einnimmt, bildet der Begriff »Leben des Evangeliums«. Was dazu im vorausgehenden Abschnitt gesagt wurde, ist nun in den größeren Zusammenhang des zeitgenössischen Verständnisses von Regel einzubringen.

Das kirchliche Ordensrecht befand sich damals in einem Prozeß tiefreichender Umformungen. Man mußte sowohl innermonastischen Veränderungen als auch den vielen neuen ordensähnlichen Gruppenbildungen, die im Gefolge der religiösen Aufbruchsbewegungen entstanden, Rechnung tragen. Auch um Abgrenzungen ging es in dieser Zeit eines intensiven Einflusses des asketisch-monastischen Gedankens auf breite Kreise der religiös aufgeschlossenen Bevölkerung. Die Diskussion um den Ordensstand konzentrierte sich auf die substantiellen Bestandteile des Ordenslebens und faßte die entsprechende monastische Lehre in der Verzichttrias von Armut, Gehorsam und Keuschheit zusammen. Jede der vielen und kaum noch überschaubaren Gruppierungen, die religiös (das heißt nach der Art der Ordensleute) leben wollten, mußte sich darauf verpflichten. Kanon 13 des Vierten Laterankonzils (1215), der für die Zukunft nur noch die Benedikt- und Augustinusregel gelten lassen wollte, muß von diesem Anliegen her gedeutet werden. Um was es ging, kann mit den folgenden Hinweisen verdeutlicht werden. 1218 schrieb Kardinal Hugolino, der spätere Papst Gregor IX., verschiedenen inzwischen entstandenen Frauengemeinschaften die Benediktusregel vor. Dazu gab er folgende Erklärung ab: »Die Regel des heiligen Benedikt verpflichtet die Schwestern auf nichts anderes als auf Armut, Gehorsam und Keuschheit.« Auch in einer zur gleichen Sache abgegebenen Erklärung von Papst Innozenz IV. aus dem Jahre 1243 heißt es dazu: »Durch die Annahme dieser Regel, der unter allen anerkannten ein Vorrang gebührt, wird euer Ordensleben als ein echtes und anerkanntes ausgewiesen.«

Nicht anders verhält es sich mit dem Predigerorden. Es mag so gewesen sein, daß Dominikus ursprünglich eine eigene und dem zu gründenden Orden entsprechende Regel verfassen wollte, durch das Konzilsdekret jedoch sich gezwungen sah, eine der approbierten Regeln anzunehmen. Für den Kanoniker aus dem Domstift Osma lag nichts näher, als die Augustinusregel zu wählen. Mit der Bulle vom 22. Dezember 1216 wurde dann die auf die Augustinusregel verpflichtete Priestergemeinschaft an St. Roman zu Toulouse bestätigt.

Doch wie die Klarissen mit der Benediktregel nicht Benediktinerinnen wurden, so auch die Predigerbrüder mit ihrer Regel keine Augustinerchorherrn.

Denn die Regel war inzwischen weithin zu einer Sache geworden, die mit der Lebensweise kaum mehr zu tun hatte. Einerseits war sie zwar aufgewertet zum Grunddokument des monastischen oder kanonikalen Lebens der entsprechenden neuen Gemeinschaften, andererseits jedoch auch abgewertet zum bloßen Titel, zum Ausweis, der die Berechtigung gab, als neue Gruppe unter die Ordensgemeinschaften eingereiht zu werden. Auch eröffnete der Regeltitel die Möglichkeit zur großräumigen Wirksamkeit.

Regel und Lebensform waren zwei verschiedene Dinge geworden. Für die erstere interessierte sich das Papsttum des beginnenden 13. Jahrhunderts ganz entschieden; von der Lebensform gilt das jedoch nicht in gleicher Weise. Weder Dominikus noch seine ersten Nachfolger ließen sich die konkrete Lebensregel, also die Lebensform, vom Papst bestätigen. Diese Regelung fiel in die autonome Zuständigkeit des Ordens. Zudem wäre eine solche Bestätigung auch kaum möglich gewesen. Denn rechtliche Bestätigung kann ein abgeschlossenes und definiertes Gesetzeswerk finden. Die Einzelheiten der Lebensregel – niedergelegt in den Statuten – waren jedoch einer ständigen Revision und Novellierung durch die als gesetzgebende Versammlung tätigen Generalkapitel unterworfen. Auch setzte sich mit der Unterscheidung von Regel und Konstitutionen (Lebensform) langsam die Auffassung durch, daß Verstöße gegen die in den Konstitutionen niedergelegten Ordensvorschriften moraltheologisch anders zu bewerten seien als Verstöße gegen die aus der Ordensregel erfließende Verpflichtung auf die drei Wesensbestandteile des Ordenslebens. Von dem mit diesen Hinweisen ausgeleuchteten Hintergrund her sind die anstehenden Fragen bezüglich der Bestätigung der evangelischen Lebensform der frühen franziskanischen Bruderschaft zu verstehen.

Franziskus lehnte für sich und seine Bruderschaft die Annahme einer der vorhandenen Regeln ab. Er wollte kein Klostergründer sein; seine Bruderschaft sollte kein Orden im tradierten Sinne werden. Doch mit einer solchen Feststellung ist noch gar nichts entschieden über die Zuordnung der entstehenden Bruderschaft. Denn aus der Ablehnung der tradierten Begriffe kann man nicht ohne weiteres die Negierung der damit gemeinten Sache folgern. Die Terminologie des damals im Um- und Aufbruch befindlichen Ordens- und Bruderschaftswesens war fließend geworden. Unter neuen Namen war gar nicht selten eine alte Sache gemeint. Der Streit, wie er in der Forschung um die Terminologie geführt wird, etwa um die Begriffe »Versprechen« und »Profeß« (propositum – professio), »Leben« (vita), »Bruderschaft«, »Gemeinschaft« und »religiöse Vereinigung« oder »Orden« (fraternitas-societas-religio-ordo), hilft nicht weiter. Bevor man sich über die Bedeutung der neuen und anderen äußeren Formen streitet, muß geklärt sein, ob die franziskanische Bruderschaft sich zu den substantiellen Merkmalen des asketisch-monastischen Lebens bekannte. Die Antwort darauf dürfte klar sein.

Franz hatte sich zum Leben der freiwilligen Buße bekehrt. Die entschiedene Absage an die Welt gehörte zu dieser asketischen Lebensweise, also die dreifache Absage durch Armut, Gehorsam und Keuschheit. Auf die franziskanische Lebensweise trafen die essentiellen Merkmale zu, mit denen das zeitgenössische Kirchenrecht die »religiöse« von der »weltlichen« Lebensweise unterschied. Selbst wenn sich Franziskus auf nichts anderes als das Evangelium zur Begründung seiner Lebensweise berief, so ist dennoch nicht einzusehen, warum die Kurie dagegen grundsätzliche Einwände vorgebracht haben sollte. Auch das Bündel von Schriftzitaten, mit denen Franziskus seine Ziele absteckte, konnte kaum Widerspruch finden: nicht die »radikalisierte Armut« und auch nicht die Wanderpredigt. Denn die Armutsforderung gehörte zur monastisch-asketischen Tradition; die Predigtforderung war zwar neu, doch auch nicht mehr so neu, daß darauf nur ein entschiedenes Nein zur Antwort gegeben werden konnte (vgl. dazu unten S. 213).

Es ist also nicht einzusehen, warum an der Kurie 1210 dem Bittsteller Franziskus nicht gewährt worden sein sollte, was seinem Anliegen entsprach: Freiheit für das »Leben des Evangeliums«; Freiheit hier im Sinne der mittelalterlichen Bedeutung von »Schutz« und Gutheißung.

An mündlichen und vorläufigen Zusagen in dieser Richtung durch Papst Innozenz zweifelt niemand. Die Frage, die gestellt wird, lautet: Warum nur eine vorläufige Gutheißung? – Weil Franziskus mit seiner Gemeinschaft ein »Leben des Evangeliums« ohne menschliche Satzungen führen wollte. Kein rechtliches Regeldokument sollte die Brüder verpflichten und binden, sondern allein die »Lehre und Fußspuren« Jesu. So lautet eine Antwort, die vom reformatorischen Verständnis des Verhältnisses von Gesetz und Evangelium bestimmt ist. Denn jede in einer Regel fortgeschriebene Satzung stünde dem Geist der evangelischen Freiheit entgegen.

Dazu kann kurz gesagt werden, daß das Verhältnis von Evangelium und Regel im monastischen Verständnis immer das der Unterordnung war. Die Regel sollte nichts weiter sein als Auslegung und Anwendung des Evangeliums. Daß daraus Regeln wurden im Sinne von Rechtsdokumenten, war ein komplexer Vorgang, über den hier nur ein Gedanke anzuführen ist. Die vor jeder »Regelung« des monastischen Lebens zitierten Sätze des Evangeliums enthielten in sich noch keine Anweisung, wie sie in Einzelentscheidungen der jeweiligen monastisch-asketischen Gruppe einzubringen waren. Die Auslegung der evangelischen Norm im Sinn der Anwendung erfolgte mit Blickrichtung auf die Bedingungen der Umwelt, von der man sich absetzen wollte, um nicht ihrem Sog zu erliegen. Durch solche »Vorschreibungen« erst und nicht schon durch die Zitation von Bibelstellen fand die monastisch-asketische Gruppe zu ihrem Selbstverständnis, zu einer Definition, mit der sie sich auch nach außen hin abgrenzen konnte. Das in Vorschriften ausgelegte Evangelium war also – gruppensoziologisch gesehen – eine unabdingbare Voraussetzung der inneren Konsistenz. Der Schritt in die Institutionalisierung war damit verbunden.

Franziskus brachte 1210 nach Rom noch kein in Vorschriften ausgefaltetes Leben des Evangeliums mit. Aus diesem Befund ist nun aber nicht zu folgern, er habe eine solche regulierende und institutionalisierende Ausfaltung als unvereinbar mit dem »Leben des Evangeliums« angesehen. Denn eine Regel im Sinne der Lebensordnung konnte er noch gar nicht haben. Bei keinem Orden des Mittelalters stand die Regel am Anfang. Nicht die Lebensregel machte den Orden, sondern dieser schuf jene im Experiment.

In den Verhandlungen mit der Kurie konnte es also noch gar nicht um die Bestätigung des »Evangeliums« als Lebensregel gehen. Approbation und Konfirmation beziehen sich auf eine schon vorhandene Sache. Die aber bildete im vorliegenden Fall die Gemeinschaft der »Männer der Buße, aus der Stadt Assisi stammend«. Über deren Status war eine Regelung zu treffen.

Anerkennung als überdiözesane Bruderschaft

Für die weiteren Überlegungen ist an das Ergebnis des ersten Abschnittes dieses Kapitels anzuknüpfen: Die franziskanische Gemeinschaft des Anfangs kann als Bruderschaft von freiwilligen Büßern bezeichnet werden, die einen gewissen kirchlichen Schutz genoß. Einer besonderen Anerkennung bedurfte das asketische »Leben des Evangeliums« dieser Brüder nicht.

Wenn dem so war, stellt sich die Frage: Warum begab sich dann aber Franziskus dennoch nach Rom, um sich erneut bestätigen zu lassen, was eigentlich schon bestätigt war? Keine der sonst so beredten franziskanischen Quellen gibt dazu eine brauchbare Auskunft. Am aufschlußreichsten ist noch Celano. Der schreibt über das Erscheinen der Brüder in Rom: »Zur damaligen Zeit weilte der ehrwürdige Bischof von Assisi, namens Guido, in Rom, der den heiligen Franziskus und alle Brüder in jeder Hinsicht hochachtete und mit besonderer Liebe verehrte. Als er den heiligen Franziskus und seine Brüder sah, war er über ihre Ankunft ungehalten, da er den Grund ihrer Reise nicht kannte. Er fürchtete nämlich, sie wollten ihre eigene Vaterstadt verlassen, wo der Herr durch seine Diener schon ganz Großes zu wirken begonnen hatte. Er freute sich gar sehr, in seinem Bistum solche Männer zu haben, von deren Leben und Wandel er sich sehr viel versprach. Nachdem er aber den Grund gehört und Kenntnis von ihrem Vorhaben erhalten hatte, freute er sich sehr im Herrn und versprach, sie dabei mit Rat und Tat zu unterstützen« (1 Celano 32). Niemand wird natürlich dem frommen Schreiber glauben wollen, daß Bischof Guido über das Vorhaben nicht unterrichtet gewesen wäre. Im Gegenteil ist vielmehr in ihm der Vermittler zu sehen, der dafür Sorge trug, daß an der Kurie sich für die »Bußbruderschaft aus Assisi« die Türen auftaten. Und wofür? Die diözesane Bruderschaft sollte als überdiözesane anerkannt werden. Dafür reichte die bischöfliche Zuständigkeit nicht mehr aus; dafür mußte der Papst angegangen werden.

Man kann dem Vorhaben eine ganz enorme und für Franzens Pläne überaus wichtige Bedeutung zumessen. Man kann sich aber auch mit einer bescheideneren Auskunft, die den Konnex mit den zeitgenössischen Bußbruderschafen nicht aus dem Auge verliert, zufriedengeben. Im ersten Fall wäre Franziskus von einem starken apostolischen Sendungsbewußtsein angetrieben nach Rom gekommen, um sich vom Herrn Papst eine Lebensweise des Evangeliums bestätigen zu lassen, die für die gesamte Kirche von Bedeutung sein sollte. Die bescheidenere Auskunft begnügt sich mit einem Blick auf die kirchliche Topographie Mittelitaliens. Assisi war eine kleine Diözese, Foligno, Gubbio und auch das Erzbistum Perugia desgleichen. Da aber zum asketischen Büßerleben der Zeit oft genug nicht mehr der beständige Aufenthalt an einem Ort, sondern die asketische Heimatlosigkeit des umherziehenden Bußpredigers gehörte, war in den diözesan begrenzten Verhältnissen Mittelitaliens der Wechsel von einer bischöflichen Zuständigkeit in die andere laufend gegeben. Daraus aber konnten sich Schwierigkeiten ergeben, wenn die Nachbarbischöfe nicht ein ähnliches Wohlwollen hegten, wie das für Bischof Guido von Assisi anzunehmen ist.

Es ging also um einen approbierten Status. Wenn man will: es ging um Rechtliches! Die »mit wenigen Worten und in Einfalt« umschriebene »Vorschrift des heiligen Evangeliums« sollte als Regel im Sinne des Grund- und Titeldokumentes Anerkennung finden. Um Gleichberechtigung dieses »rechtlosen

Schriftstückes« mit den approbierten Titeltexten der Augustinus- und Benediktregel ging es. Zwei miteinander verschränkte Anliegen sind dabei zu beachten. Zum einen handelte es sich um die Reduzierung der Regel (als Titeldokument) auf das »Evangelium«. Diese Reduzierung ist nicht als »franziskanisches Eigengut« anzusehen, sondern gehört als signifikanter Vorgang zur monastisch-asketischen Bewegung des 12. Jahrhunderts (vgl. dazu unten S. 204). Zum andern ging es um Exemtion aus der bischöflichen Zuständigkeit. Denn die durch Titeldokumente ausgewiesene monastische Lebensweise (vivere religiose) war seit langem aus der direkten bischöflichen Zuständigkeit herausgenommen und in die des Papstes gelangt. Durch die Verbindung zwischen Mönchtum und Kurie konnte die Entwicklung zu ortsunabhängigen Personenverbänden vorangetrieben und die ortsübergreifende Tätigkeit gegen bischöfliche Ortszuständigkeit abgesichert werden.

Nicht nur klerikale, sondern auch laikale Gruppen suchten darum im Verlaufe des 12. Jahrhunderts in Rom um Anerkennung nach. Probleme ergaben sich jedoch, als auch die Predigt zu einem Bestandteil des als apostolisches Leben neu gedeuteten monastisch-asketischen Ideals wurde. Doch die in der zweiten Hälfte des 12. Jahrhunderts noch schroffe Ablehnung des »evangelischen Rechtes« auf freie Predigt war seit dem Pontifikat Innozenz' III. einer neuen Einstellung gewichen. Die Kurie begegnete jetzt den verschiedenen laikalen Erweckungs- und Bußgruppen, die keine Mönche und Kleriker werden wollten und sich dennoch dem apostolischen

Leben von Wanderpredigern verpflichtet wußten, mit Verständnis und vorsichtiger Förderung. Franziskus konnte in Rom mit Interesse und Verständnis rechnen.

Die Vorgänge und Verhandlungen, die in seiner Sache geführt wurden, sind im einzelnen nicht mehr zu erkennen. Soviel aber ist sicher: Eine Art von Anerkennung wurde den Bittstellern nicht versagt. Von der Erlaubnis zur Bußpredigt vor aller Welt ist in den späteren Quellen rückschauend die Rede und von mündlicher Bestätigung einer Regel. Auch habe der Papst »über gar vieles ihnen noch Aufträge und gute Winke« gegeben (1 Celano 33). Worin diese Aufträge und guten Winke bestanden, würde man gern wissen. Wenn es bei den Gesprächen um die Bestätigung als überdiözesane Bruderschaft ging, könnte, entsprechend den kirchenrechtlichen Gepflogenheiten der Zeit, auch von dem kanonischen Titel gesprochen worden sein.

Dabei ging es um folgendes: In der von großer Dynamik geprägten monastischen und kanonikalen Bewegung des 12. Jahrhunderts bildeten sich neue Gemeinschaften mit den Merkmalen eines mehr oder weniger ortsunabhängigen Personenverbandes. Diese Gruppen – besonders Spitalgemeinschaften und Ritterorden – hatten zwar immer noch ein Haus oder Kloster, das die rechtliche Basis und das organisatorische Zentrum der Gemeinschaft bildete. Die einzelnen Mitglieder lebten jedoch oft in der Zerstreuung oder waren dauernd unterwegs. Die Zugehörigkeit zu ihrem Haus, dem sie sich auch in der Profeß verpflichteten, band die in der Zerstreuung lebenden Mitglieder dem Verband ein. Sie waren nicht einfach herumstreunende und entartete Mönche, sondern Religiosen mit allen Bindungen, die diesen Stand auszeichneten. Die Zugehörigkeit zum Verband war also das Entscheidende, die Zugehörigkeit zu einem Haus, das meistens der Gemeinschaft als Firmierung diente, nur noch eine rechtliche Konstruktion. Diese gab den kanonischen Titel, die rechtliche Basis also, für den sich mehr und mehr vom Haus lösenden ortsunabhängigen Personenverband.

Noch konnte man sich einen ganz aus lokalen Bindungen gelösten Verband nicht vorstellen. Denn irgendwie sollte jede monastische oder kanonikale Gemeinschaft so etwas sein wie eine Kirche (im Sinne von kirchlicher Gemeinschaft). Die Quelle der monastischen Gemeinschaftsbildung als Konvent war also der Altar in der Kirche (im Sinne eines Gotteshauses). Längst war zwar diese monastische oder kanonikale kirchliche Gemeinschaft aus der Zuständigkeit der bischöflichen Ortskirche gelöst, doch durch die Zuweisung solcher Kirchen durch den Papst, der sie auch noch unter seinen Schutz stellte, war die Verbindung mit der Gesamtkirche gewahrt. Zu Beginn des 13. Jahrhunderts bedeutete also die Zuweisung eines kanonischen Titels bzw. die Verpflichtung auf einen solchen nicht mehr Bindung an ein Ortskloster und Einengung der pastoralen Tätigkeit, sondern Entbindung von lokaler Enge und Befähigung zum überlokalen Einsatz, also auch zur Wanderpredigt.

In diesem Sinne spielte die Titelkirche noch für die Anfänge des Predigerordens, der ein auf mobilen Einsatz ausgerichteter Personenverband sein sollte, eine Rolle. Die im Sommer 1215 errichtete Institution einer diözesanen Predigergemeinschaft wurde zu einem überdiözesanen Predigerorden. Die sogenannte Bestätigungsbulle vom 22. Dezember 1216, in der weiter nichts als die St. Romanskapelle zu Toulouse mit ihrem Zubehör in päpstlichen Schutz genommen und die dort lebende Priestergemeinschaft mit ihrer Bindung an die Augustinusregel bestätigt wird, bliebe ein unverständliches Dokument, wenn man nicht um die Titelfunktion der Urkunde wüßte. Auch in diesem Falle galt: Die päpstliche Urkunde band Dominikus und seine Gefährten nicht an diese Kapelle, sondern die vom Papst in Schutz genommene Kapelle war als rechtlicher Titel gedacht, der zur überdiözesanen Ausbreitung berechtigte. Da aber schon kurze Zeit später der ortsunabhängige Personenverband voll ausgebildet wurde, löste sich auch die Beziehung zur »Titelkirche« auf. Auf einen solchen Rechtstitel war man nicht mehr angewiesen. Der ursprüngliche Sinn der päpstlichen Bulle vom 22. Dezember 1216 wurde bald nicht mehr verstanden und als »Bestätigungsurkunde« mißdeutet. Da jedoch in diesem Text von einer Bestätigung des Predigerordens kein Wort zu finden ist, kann man verstehen, daß die Ordenshistoriographie des 14. Jahrhunderts kurzerhand ein entsprechendes und aufschlußreiches päpstliches Bestätigungsschreiben erfand.

Über eine Titelkirche für die frühe franziskanische Gemeinschaft schweigt sich die Ordensüberlieferung aus. Eine diesbezügliche Regelung – gar noch durch Ausfertigung einer entsprechenden Urkunde sanktioniert – hätte jedoch gewiß in irgendeiner

Form einen Niederschlag gefunden. Dennoch kann angenommen werden, daß eine Regelung in dieser Richtung geplant war. Das gehörte wohl mit zu den »Aufträgen und guten Winken«, von denen Celano spricht. Immerhin weiß dieser auch, daß Franziskus mit seinen Brüdern einige Zeit nach der Rückkehr aus Rom die als provisorische Unterkunft dienende Scheune bei Rivotorto wieder aufgab und nach der nahe gelegenen Portiuncula-Kapelle hinüberzog. Die *Legenda antiqua* begründet den Ortswechsel mit einer fehlenden Kapelle in Rivotorto. Die *Dreigefährten* fügen einen interessanten Bericht über die besondere Bedeutung der Kapelle hinzu: »Bald darauf erbat der selige Franziskus die Kirche demütig vom Abt des Klosters S. Benedetto am Monte Subasio bei Assisi nach Gottes Willen und Eingebung. Diese Kirche hat der Heilige in ganz bemerkenswerter und liebevoller Weise dem Generalminister und allen Brüdern empfohlen als eine Stätte, über alle Stätten und Kirchen dieser Welt von der glorreichen Jungfrau geliebt« (Dreigefährten 56). Der Erzähler führt die Vorliebe des Heiligen für die Kapelle auf ein im gleichen Abschnitt noch erzähltes Wunder zurück. Manche Forscher sehen in dem Portiuncula-Kapitel der *Dreigefährten* auch schon einen Hinweis auf den Portiuncula-Ablaß. Uns interessiert weder der Ablaß noch das Wunder, sondern die merkwürdige Tatsache, daß Franziskus die Kapelle sich vom Eigentümer, dem Abt des Benediktinerklosters am Monte Subasio, erbat. War es nur die Pietät einem Ort gegenüber, in dem ihm vor Jahren in einer Erleuchtung der Weg zum Leben des Evangeliums gewiesen wurde, oder ging es bei Santa Maria degli Angeli nicht doch auch um eine Titelkirche für die Bruderschaft? Zwar konnten an Laiengemeinschaften keine Kirchen übertragen werden. Aber dieses Hindernis war inzwischen ebenfalls beseitigt. Noch in Rom wurde den zwölf freiwilligen Büßern aus Assisi die Tonsur geschnitten. Sie waren also Kleriker geworden.

Zur Hypothese einer Titelkirche würde die Klerikalisierung der freiwilligen Büßer gut passen. Wichtiger freilich als die Frage nach einer Titelfunktion für Portiuncula ist die nach der päpstlichen Anerkennung der Bruderschaft. An einer solchen ist nicht im geringsten zu zweifeln, wenn auch über Art, Form und Inhalt keine genauen Angaben gemacht werden können. Am genauesten und ausführlichsten ist der Bericht der *Dreigefährten:* »Und so umarmte er ihn (das heißt der Papst den heiligen Franziskus) und bestätigte die Regel, die er geschrieben. Er gab ihm und seinen Brüdern, wie erzählt, die Erlaubnis, überall Buße zu predigen, und zwar so, daß die, welche predigten, sich vom seligen Franziskus die Erlaubnis holen mußten; und eben dieses bestätigten sie (das heißt Papst und Kardinäle) danach im Konsistorium. Nachdem dies alles Franziskus gewährt worden war, dankte er Gott; auf den Knien versprach er dem Herrn Papst voll Demut und Hingabe Gehorsam und ehrfurchtsvolle Achtung. Die anderen Brüder aber versprachen gemäß dem Befehl des Herrn Papstes in gleicher Weise dem seligen Franziskus Gehorsam und ehrfurchtsvolle Achtung. Als der selige Franziskus und die anderen Brüder den Segen des Pap-

134

stes empfangen hatten, besuchten sie noch die Gräber der Apostel. Hierauf wurde ihnen die Tonsur verliehen, wie es jener Kardinal vorgesehen hatte: er wollte, daß alle zwölf Brüder Kleriker seien« (Dreigefährten 52).

Stilisierten Niederschlag fand die Erlaubnis zur Predigt bei Celano: »Darauf zog Franziskus, der tapfere Ritter Christi, in den Städten und Flecken umher und verkündete nicht in überredenden Worten menschlicher Weisheit, sondern in Lehre und Kraft des Geistes das Reich Gottes, predigte den Frieden, lehrte Heil und Buße zur Vergebung der Sünden. – In allem handelte er gar zuversichtlich in Kraft der ihm gegebenen apostolischen Vollmacht« (1 Celano 36).

Die bestätigte Regel, von der in der zitierten Stelle der *Dreigefährten* wie auch im *Testament* des Heiligen die Rede ist, muß als Titel- und Grunddokument verstanden werden. Die Approbation dieses »Textes« war auch die Voraussetzung für die bald einsetzende Regulierung der Lebensweise. Die in den folgenden Jahren erprobte und in verschiedenen Einzelheiten definierte Lebensweise gab der rasch wachsenden Gemeinschaft ein so großes Gewicht, daß ihr das im 13. Kanon des Vierten Laterankonzils ausgesprochene Verbot, neue Ordensregeln einzuführen, nichts mehr anhaben konnte. Von einer zu Recht von der römischen Kirche anerkannten Lebensweise war dann in einem Brief des Papstes Honorius III. vom Juni 1219 die Rede; im Schreiben desselben Papstes vom Mai 1220 an die französischen Prälaten wurden die Minderen Brüder zu den approbierten Orden gezählt.

Zusammenfassend kann also gesagt werden, daß 1210 die von Franziskus dem Papst vorgelegte »Regel« als Titel für die öffentliche Wirksamkeit der Bruderschaft wie auch als Basis für die weitere Ausgestaltung ihrer Lebensweise in mündlicher (oder schriftlicher) Form Anerkennung fand.

Das »Leben des Evangeliums« in der franziskanischen Bruderschaft

Zu beschreiben ist in diesem Abschnitt die Lebensweise der Gemeinschaft in ihrer Frühzeit. Um die Ideale des Anfangs geht es also. Der Darstellung sind jedoch noch einige Bemerkungen zu den Quellen vorauszuschicken, aus denen die Gestalt der frühen franziskanischen Bruderschaft nachzuzeichnen ist. Als wichtigste Quellen kommen dafür in Frage die erhalten gebliebenen Regeln: die Bullierte und die Nichtbullierte Regel. Mit *Bullierter Regel* ist jener Text gemeint, der nach erneuter redaktioneller Arbeit von Papst Honorius III. in die Bulle »Solet annuere« vom 29. September 1223 inseriert wurde. Die Regel fand damit eine feierliche päpstliche Bestätigung. Die vorher gültige Regel hatte eine solche feierliche und öffentliche Bestätigung nicht gefunden. Darum bürgerte sich der Name *Nichtbullierte Regel* ein. Anders als die *Bullierte Regel* wurde sie jedoch nicht in einem Zuge niedergeschrieben, sondern im Laufe eines Jahrzehnts zusammengestellt. Das Wachstum der Bruderschaft spiegelt sich in dem Regeltext. Verschiedene Fassungen von ihm waren im Umlauf. Auch der überlieferte Textbestand weist zahlreiche unterschiedliche Lesarten auf. Vor allem läßt der erhalten gebliebene Text noch ein Stück weit seine Entstehungsgeschichte erkennen. Die früheste Schicht und Basis aller Regulierungssätze im ersten Jahrzehnt bildet darin die »Urregel«.

Damit ist jenes kurze Dokument gemeint, in dem Franziskus Ziel und Inhalt seiner Lebensweise umschrieb und Papst Innozenz III. zur »Bestätigung« vorlegte. In der Forschung wurde auf die Rekonstruktion dieser Urregel viel Scharfsinn verwendet. Keine der vorgeschlagenen Fassungen kann überzeugen. Auch sind die Versuche mit der »franziskanischen Frage« belastet. Nach einer verbreiteten Auffassung wäre in der Urregel das ursprüngliche Ideal des heiligen Franziskus noch unverfälscht zum Ausdruck gebracht worden. Alle späteren Regeln dagegen hätten als Verformungen und Verfälschungen zu gelten. Hier habe man es mit Rechtsdokumenten nach Art der üblichen Ordensregeln zu tun, in der gesuchten franziskanischen »Urkunde« dagegen mit einer Regel als Leben. Die Diskussion hängt also engstens zusammen mit der Frage nach der Bestätigung der evangelischen Lebensweise (vgl. oben S. 116).

Wenn es 1210 in den Verhandlungen jedoch nicht um die Bestätigung der Regel als Lebensweise, sondern als Grund- und Titeldokument ging, erweist sich die Frage nach der Urregel als unnötig und jeder Rekonstruktionsversuch ihres Inhaltes auch als unmöglich. Die Leitidee wurde in der Urregel angesagt. Die konkrete Gestalt und Anwendung der Idee mußte erst noch erprobend in Vorschriften eingebracht werden. Diese bedurften der Verdeutlichung und Vertiefung, der Abgrenzung und der Ergänzung. Auf diese Weise ist das Grunddokument mit seinen Schriftzitaten und wenigen erläuternden Worten in der Weiterbildung zur Lebensregel in die *Nichtbullierte Regel* eingegangen. Der ursprüngliche Textbestand der Urregel kann aus ihr nicht mehr herausgeschält werden.

In der Textgeschichte spiegelt sich also noch die Funktion der franziskanischen Regel, die Grunddokument und Lebensregel in einem sein sollte. In den »Vollversammlungen« der Brüder, aus denen sich die Generalkapitel entwickelten, wird man das Gremium zu erblicken haben, das mit Franziskus die Einzelregelungen beriet und verabschiedete. Der den neuen Ordensgemeinschaften gegenüber aufgeschlossene und wohlwollende Jakob von Vitry schrieb in einem 1216 abgefaßten Brief über diese franziskanischen Kapitel: »Die Männer dieses Ordens kommen einmal im Jahre mit vielfältigem Gewinn an einem bestimmten Orte zusammen, um sich gemeinsam im Herrn zu freuen und miteinander Mahl zu halten. Dabei machen und verkündigen sie mit dem Rate guter Männer ihre heiligen und vom Herrn Papst bestätigten Gesetze.« Die auf die Gesetzgebung Bezug nehmenden Sätze werden in der Forschung verschieden gedeutet. Auf jeden Fall aber erfaßte Jakob die Funktion der Kapitel als gesetzgebende Körperschaften. Davon berichteten auch die *Dreigefährten*: »Zu Pfingsten kamen zum Kapitel alle Brüder bei der Kirche S. Maria zusammen; sie berieten, wie sie die Regel noch besser beobachten könnten, und verteilten die Brüder, die dem Volke predigen und in ihren Provinzen wieder andere Brüder aufstellen sollten, auf die verschiedenen Provinzen. Der heilige Franziskus aber gab Ermahnungen, sprach Tadel aus und erließ Vorschriften, wie es ihm nach Gottes Rat gut schien« (Dreigefährten 57). Zwischen den Vorschriften des Heiligen und den Beratungen der Brüder wird man einen Zusammenhang herstellen dürfen. Auch die »Erprobung von Regeln«, von denen die *Dreigefährten* an anderer Stelle sprachen (vgl. 35) ist in diese gemeinsamen Bemühungen um die Regulierung des »Lebens des Evangeliums« einzubeziehen.

Die franziskanische Urregel ist also in den Text der *Nichtbullierten Regel* eingegangen, der man noch in vielen Einzelheiten die »Handschrift« Franzens anmerkt. Aus der *Nichtbullierten Regel* ist darum die ursprüngliche Gestalt der franziskanischen Bruderschaft nachzuzeichnen. Auch die Regel von 1223 ist dafür noch wichtig. Denn diese ist als inhaltliche Straffung und formale Ordnung der im Laufe der Jahre gewachsenen »Regelsammlung« zu verstehen. Manches für das franziskanische Ideal Wichtige wird darin präziser und klarer ausgedrückt als in der bis dahin verbindlichen Textfassung. Zur Ergänzung sind natürlich auch heranzuziehen Franzens Schriften sowie entsprechende Zeugnisse im frühfranziskanischen Schrifttum. Auch auf Zeugnisse in nichtfranziskanischen Quellen ist Bedacht zu nehmen.

»Die Männer der Buße, aus der Stadt Assisi stammend«, wollten als Bruderschaft das »Leben des Evangeliums« führen. Dieser franziskanische Evangelismus war in vielem der des zeitgenössischen Asketismus. Das »Leben des Evangeliums«

wurde also gedeutet als ein Leben der Buße (vgl. dazu oben S. 101). Daß Franziskus die Buße anders als die Tradition, aus der er lebte, verstanden und sie gar in einem erst von der modernen Exegese erschlossenen Sinn begriffen haben sollte, ist nicht einzusehen.

Die Grundtexte der »Vorschrift des heiligen Evangeliums«, nach dem Franziskus mit seinen Gefährten leben wollte, wird man in Lk 9,1–6, Mt 16, 24–27; 19, 21–29 sehen müssen. Die frühen Franziskuserzählungen ließen Franziskus und seine ersten Gefährten die Schrifttexte auf wunderbare Weise finden. Dreimal schlugen sie das Evangelium auf; jedesmal fiel ihr Blick auf einen Satz der angegebenen Stellen. Daraufhin habe Franziskus gesagt: »Dies ist unser Leben und unsere Regel sowie aller derer, die sich unserer Gemeinschaft anschließen wollen« (Bonaventura, Großes Franziskusleben 3, 3). In der Legende des *Anonymus Perusinus* wird die Befragung, die ein Priester vornimmt, mit der Bitte eingeleitet: »Herr, zeige uns das Evangelium unseres Herrn Jesus Christus«. Die um Lk 14, 26; 18, 22; 18, 29; Mk 10, 29 erweiterten Schriftzitate wurden auch im ersten Kapitel der *Nichtbullierten Regel* aneinandergereiht und mit den Worten eingeleitet: »Regel und Leben dieser Brüder ist dieses, nämlich zu leben in Gehorsam, in Keuschheit und ohne Eigentum, und unseres Herrn Jesu Christi Lehre und Fußspuren zu folgen.« Die Bekehrung des Bernhard Quintavalle zur franziskanischen Lebensweise gestaltete Celano sichtlich nach Mt 19,21: »Voll Staunen sprach er: Wahrhaftig, dieser Mensch ist aus Gott! Er beeilte sich daher, all seine Habe zu verkaufen und verschenkte sie an Arme, nicht an die Verwandten. Indem er so den Ruhm des vollkommenen Weges erwählte, befolgte er den Rat des heiligen Evangeliums: Willst du vollkommen sein, so gehe hin, verkaufe alles, was du hast, und gib es den Armen und du wirst einen Schatz im Himmel haben. Dann komm und folge mir nach! Darauf schloß er sich in Lebensweise und Kleidung dem heiligen Franziskus an« (1 Celano 24).

Diese Grundtexte des Evangeliums galten als Norm der Lebensweise. Alle Einzelregelungen standen also unter dem »evangelischen Vorbehalt«. So war zum Beispiel diese evangelische Freiheit durch die Fastenvorschriften, die in Franzens Abwesenheit das Seniorenkapitel 1219 erlassen hatte, angetastet worden. Nach Jordan von Giano erhielt Franziskus davon im Heiligen Lande Kunde, als er gerade mit seinen Gefährten speiste und Fleisch vorgesetzt wurde. Die anfängliche Verwirrung löste Franziskus mit den Worten: »Laßt uns denn, in Übereinstimmung mit dem Evangelium, essen, was uns vorgesetzt wird!« (Chronik 12). Jordan berichtete auch, Franziskus habe Bruder Cäsarius von Speyer, der in der Heiligen Schrift bewandert war, beauftragt, die Regel, »die er selbst mit einfachen Worten verfaßt hatte, durch Worte aus dem Evangelium auszuschmücken« (ebd. 15). Für Franziskus handelte es sich dabei natürlich um anderes als bloßen Schmuck! Die Regel als Leben nach dem Evangelium sollte mit den Schriftzitaten, die rund ein Drittel des Textes ausmachen, jedem offenkundig werden. So werden auch Vorschriften, die auf Veranlassung der römischen Kurie in die Regelsammlung

aufgenommen wurden – wie die Einführung der
einjährigen Probezeit – mit Schriftzitaten erläu-
tert.

Leben in größter Armut

Die evangelischen Grundtexte sprechen alle von
der Besitzentäußerung. Im »Leben des Evangeliums« der franziskanischen Gemeinschaft des Anfangs nahm die Armut einen herausragenden Platz
ein. Von der Armut des Poverello weiß jeder, dem
der Name Franziskus in den Sinn kommt. »Der Armut großer Abendstern« wird viel besungen. Von
ihren Anfängen an konnte sich die Franziskuserzählung nicht genug tun in der Beschreibung der
franziskanischen Armut. Zuweilen in einer Art, die
irreale Züge annimmt, wie in den *Fioretti*. Eine Predigt des Heiligen gipfelt dort in den Worten: »daß
niemand sich im geringsten um des Leibes Nahrung oder das sonstwie irdisch Nötige kümmere,
vielmehr sollt ihr allein der Frömmigkeit und dem
Lobe Gottes leben und all eure Sorge auf Christus
werfen, der sich euer mit sonderlicher Liebe annimmt« (Kap. 18).
Rigoros asketisch deutete und beschrieb natürlich
auch Celano die Armut Franzens und seiner Brüder
(vgl. 1 Celano 39 und 51). Der lebenden und kommenden Generation wollte der Legendenschreiber
einen Spiegel vorhalten. Die Treue zur »heiligen
Armut« war zum Kaufpreis geworden, den die
Minderbrüder aufbringen mußten, wenn sie vor
der Welt Anerkennung finden wollten. So schrieb
Celano: »Mehr als einmal wiederholte der Heilige

folgende Worte: ›In dem Maße, in dem die Brüder von der Armut sich abwenden, wird auch die Welt sich von ihnen abwenden, und sie werden suchen‹, so sagte er, ›und nicht finden. Wenn sie aber meine Herrin, die Armut, umschlungen halten, wird die Welt sie ernähren, da sie der Welt zum Heile gegeben sind.‹ Und wiederum: ›Ein Vertrag besteht zwischen der Welt und den Brüdern; sie ihrerseits schulden der Welt das gute Beispiel, die Welt aber schuldet ihnen die Versorgung mit dem Nötigen. Wenn die Brüder ihrem Versprechen untreu werden und kein gutes Beispiel mehr geben, dann zieht auch die Welt zur gerechten Strafe ihre Hand zurück‹« (2 Celano 70).

Das lateinische Wort für »Vertrag« an der zitierten Stelle heißt »commercium«. Es meint das den kaufmännischen Vorstellungen entliehene gegenseitige Abkommen oder Tauschgeschäft. Als eindringliche Mahnung, die Vertragsbedingungen von seiten der Brüder einzuhalten, ist die um die Mitte des 13. Jahrhunderts entstandene Schrift *Der Bund des heiligen Franziskus mit der Herrin Armut* zu verstehen. Die schon sehr früh verbreitete Schrift ist ein einziges Lob auf die Armut, die bevorzugte Braut Christi, der sich der ritterliche Diener Franziskus weihte. In der darin entfalteten Brautmystik geht es aber um nichts anderes als die Nachfolge Christi.

Diese Deutung der »heiligen Armut« muß natürlich auch zur Kenntnis genommen werden. Franzens Bund mit der »Herrin Armut« hat eine theologische Bedeutung. Die Armut ist der Weg zum Heil und vermittelt die Teilhabe am heilenden Werk der Erlösung. Es geht um Armut als Nachfolge Christi und nicht um Armut als Selbstzweck. Man kann die Schrift *Der Bund des heiligen Franziskus mit der Herrin Armut* auch als Korrektur an einem in bestimmten Gruppen des Ordens um sich greifenden gnostischen Asketismus verstehen, der Franziskus in bedenkliche Nähe zu Diogenes im Faß rückte! Ohne den Blick auf das Motiv gerann die äußere Beschreibung der Armut rasch zum bloßen Asketismus. Die Herausstellung des Motives wurde also wichtig. Der asketische Lebensstil wurzelte in der franziskanischen Christusnachfolge. Buße, Evangelium und Reich Gottes waren die höheren und höchsten Werke, die den Verzicht adelten und Franziskus in einer einzigartigen Vergeistigung des Lebens und Verlebendigung des Geistes bereicherten. Der Dichter des *Sonnengesanges* schaute nicht mit Verachtung oder stoischer Interesselosigkeit auf die belebte und unbelebte Kreatur, sondern umfing die ganze Schöpfung mit seinem brüderlichen und schwesterlichen Gruß.

Für die Spiritualität der Armut und als Ausdruck des Glaubens an das Evangelium ist *Der Bund des heiligen Franziskus mit der Herrin Armut* eine wichtige Quelle. Die Spiritualität des Lebens in höchster Armut war ein Teil von Franzens Frömmigkeit. Sie ist nicht erst in der Franziskuserzählung der Frühzeit zu fassen, sondern nimmt in den Schriften des Heiligen einen herausragenden Platz ein. Im sechsten Kapitel der *Bullierten Regel* ist die gemeinsame Armut nach dem »Leben des Evangeliums« in die Worte gefaßt: »Die Brüder sollen sich nichts aneignen, weder Haus noch Ort, noch irgendeine Sache. Und gleichwie Pilger und Fremdlinge in dieser

Welt, die dem Herrn in Armut und Demut dienen, mögen sie voll Vertrauen um Almosen gehen; und sie dürfen sich nicht schämen, weil der Herr sich für uns in dieser Welt arm gemacht hat. Dies ist jene Erhabenheit der höchsten Armut, die euch, meine geliebtesten Brüder zu Erben und Königen des Himmelreiches eingesetzt, an Hab und Gut arm gemacht, durch Tugenden geadelt hat. Diese soll euer Anteil sein, der hinführt in das Land der Lebenden. Dieser hanget, geliebteste Brüder, ganz und gar an und trachtet um des Namens unseres Herrn Jesu Christi willen, auf immer unter dem Himmel nichts anderes zu haben.« Der Text nimmt Wort und Vorstellung von 1 Petr 2,11; 2 Kor 8,9; Jak 2,5 und Ps 141,6 auf und zeigt damit deutlich genug die biblische Fundierung und Motivierung. Die Armutsspiritualität erklärt jedoch nicht alles am franziskanischen Aufbruch. Das Leben in Armut war in der monastisch-asketischen Bewegung Ausdruck für die Freiheit des Lebens nach dem Evangelium. Immer ging es dabei um Absetzung von der »Welt«, um Widerstand gegen die integrierenden Zwänge des Besitzes. Diesen Gedanken brachten die *Dreigefährten* anschaulich zum Ausdruck: »In jener Zeit verließ ja niemand sein Eigentum, um dann von Tür zu Tür Almosen zu betteln. Der Bischof der Stadt Assisi, zu dem der Mann Gottes häufig sich Rat holen ging, nahm ihn gütig auf und sprach zu ihm: ›Hart scheint mir eure Lebensweise und rauh, nichts in der Welt zu besitzen.‹ Ihm entgegnete der Heilige: ›Herr, wenn wir irgendwelches Eigentum besitzen würden, so müßten wir unbedingt zu unserem Schutz auch Waffen haben. Daraus entstehen aber Streitigkeiten und Zank, und dadurch wird die Liebe Gottes und des Nächsten gewöhnlich stark gehemmt. Und deshalb wollen wir in dieser Welt nichts Irdisches besitzen‹« (Dreigefährten 35).

Das gesellschaftliche System, mit dem es die franziskanische Bruderschaft zu tun hatte, waren zunächst Assisi und die mittelitalienische Städtelandschaft. In geradezu protziger Weise wurde hier der Besitz zur Schau gestellt und jedermann vor Augen geführt, wer in diesem System etwas gelte und zu sagen habe. So gehörte auch zur franziskanischen Absetzung von der Welt die radikale Entäußerung vom Besitz. Wer zu der Gruppe gehören wollte, mußte vollständig auf die irdischen Güter verzichten. Er sollte »all seine Habe verkaufen und das alles unter die Armen zu verteilen suchen« (Nichtbullierte Regel 2,4). Mit Franzens eigenen Worten gesagt: »Und jene, die kamen, dies Leben anzunehmen, gaben alles, was sie haben mochten, den Armen. Und sie waren zufrieden mit einem Habit, innen und außen geflickt, samt Gürtelstrick und Hosen« (Testament 16). Neuartig war diese Besitzentäußerung nicht. Sie gehörte als Einlösung der Worte Jesu an den reichen Jüngling (vgl. Mt 19,21) zur monastisch-asketischen Tradition. Das Neue und andere erfaßt man erst, wenn nach der Art der weiteren Existenzsicherung gefragt wird. Denn frohgemutes Gottvertrauen und evangelische Sorglosigkeit waren darauf nicht die Antwort, sondern motivierten zu der neuen Antwort: Sicherung des Lebensnotwendigen für den einzelnen in der Gemeinschaft durch Arbeit und Bettel.

Aus der Textbearbeitung der Kapitel 7 und 9 der *Nichtbullierten Regel* kann auf eine intensive Erörterung der Fragen, die sich aus der Freiheit der evangelischen Lebensweise sowie der Sicherung des Lebensnotwendigen ergaben, geschlossen werden. Anfangs dürfte es so gewesen sein, daß sich die Brüder in erster Linie zur Arbeit verdingen sollten: »Und die Brüder, die arbeiten können, sollen arbeiten und das Handwerk ausüben, das sie verstehen, wenn es nicht gegen das Heil der Seele ist und ehrbar ausgeübt werden kann... Und für die Arbeit können sie alles Notwendige annehmen außer Geld... Und es soll ihnen erlaubt sein, Werkzeug und Gerät zu haben, das für ihr Handwerk geeignet ist« (Nichtbullierte Regel 7,3.7.9). Soweit für den Tag zu sorgen war, sollte das also durch Arbeit geschehen. Arbeit natürlich nicht als Erwerbsmittel für Eigentumsbildung, sondern nur zur Sicherung des notwendigen Lebensunterhalts.

Aus den Arbeitserfahrungen ergaben sich bald Schwierigkeiten. Eine Reihe von Klärungen und Abgrenzungen wurden nötig. Für Brüder, die in Spitälern oder anderen Stätten der städtisch-kirchlichen Wohltätigkeit als Diener tätig waren, galt folgendes Verbot: »Und unter keinen Umständen dürfen die Brüder Geld als Almosen und Münzen für irgendwelche Häuser oder Niederlassungen annehmen oder annehmen lassen oder sammeln oder sammeln lassen. Sie sollen auch niemand begleiten, der für solche Niederlassungen Geld oder Münzen sammelt. Andere Dienste aber, die unserem Leben nicht zuwider sind, können die Brüder für die Niederlassungen mit dem Segen Gottes tun.

Bei einer offenkundigen Not von Aussätzigen jedoch können die Brüder für sie Almosen sammeln« (Nichtbullierte Regel 8, 8–11). Auch der erste Vers im sechsten Kapitel gehört dazu: »Wenn Brüder, an welchen Orten auch immer sie sind, unser Leben nicht beobachten können, sollen sie, so schnell sie können, zu ihrem Minister Zuflucht nehmen.« In der vorliegenden Gestalt wurde der Satz später überarbeitet und in einen anderen Zusammenhang gerückt. Der ursprüngliche Sinn bezog sich auf die Gefahren am Arbeitsplatz (der lateinische Ausdruck »locus« wäre in diesem Sinn zu übersetzen) und wohl auch auf die Tätigkeit, die ja eine »ehrbare« sein sollte.

Die sich zur Arbeit verdingenden Brüder scheinen tüchtig gewesen zu sein und Anerkennung gefunden zu haben. Denn ihre Arbeitgeber wiesen ihnen leitende Aufgaben zu. Aus solcher Stellung erwuchs jedoch nicht nur eine Gefahr für die demütige Nachfolge Jesu, sondern damit war ein erster Schritt in Richtung auf eine Integration in die »Welt« getan, die Leistung durch Arbeit anerkannte. Neue Abgrenzung also tat not. Sie wurde mit folgender Anweisung vollzogen: »Keiner der Brüder, an welchen Orten auch immer sie bei anderen verweilen, um zu dienen oder zu arbeiten, soll Kämmerer noch Kanzler sein, noch überhaupt eine leitende Stelle in den Häusern innehaben, in denen sie dienen. Auch sollen sie kein Amt übernehmen, das Ärgernis hervorrufen oder ihrer Seele Schaden zufügen würde. Sie sollen vielmehr die Minderen und allen untergeben sein, die im gleichen Haus sind« (Nichtbullierte Regel 7, 1–2).

Verdingung also nur zu niedrigen Arbeiten. Doch auch der Dienst an Kranken und Randexistenzen war in der frommen Welt der städtischen Gesellschaft der Zeit irgendwie immer noch eine Leistung, durch die der Fürsorgende und karitativ Tätige einen anerkannten Platz in der sozialen Stufenleiter einnahm. Erst wo er sich der karitativen Tätigkeit entzog und den eigenen Lebensunterhalt erbettelte, wurde er zum Außenseiter. Die Minderbrüder der franziskanischen Gemeinschaft des Anfangs suchten eine solche Rolle, als sie sich zur Existenzsicherung durch den Bettel neben der Arbeit entschieden. Damit fielen sie aus dem sozialen Leistungssystem der Zeit. Ins Bodenlose totaler materieller Ungesichertheit fielen sie damit jedoch nicht. Denn auch der Bettel bot damals so etwas wie ein »soziales Netz« für ein einfaches und anspruchsloses Leben (vgl. dazu unten S. 199; 219).

Über diese Seite des Bettels verlieren natürlich das frühfranziskanische Schrifttum, die Regeltexte und Ermahnungen Franzens kein Wort. Man muß aber darum wissen und darf nicht meinen, im Bettel sei es nur um die Angleichung an die Gesinnung Jesu gegangen. Ausführlich ist davon die Rede im Kapitel über die Almosenbitte. »Alle Brüder sollen bestrebt sein, der Demut und Armut unseres Herrn Jesus Christus nachzufolgen. Und sie sollen daran denken, daß wir, wie der Apostel sagt, von der ganzen Welt nichts anderes nötig haben als Nahrung und Kleidung; damit sind wir zufrieden. Und sie müssen sich freuen, wenn sie mit gewöhnlichen und verachteten Leuten verkehren, mit Armen und Schwachen und Aussätzigen und Bettlern am

Wege. Und wenn es notwendig wäre, mögen sie um Almosen gehen. Und sie dürfen sich nicht schämen und sollen mehr daran denken, daß unser Herr Jesus Christus, der Sohn des lebendigen Gottes, des Allmächtigen, sein Antlitz wie den härtesten Felsen gemacht hat und sich nicht geschämt hat. Und er ist arm gewesen und ein Fremdling und hat von Almosen gelebt, er selbst und die selige Jungfrau und seine Jünger. Und wenn ihnen die Menschen Schmach antun würden und ihnen kein Almosen geben wollten, dann sollen sie Gott dafür danken; denn für die Schmach werden sie große Ehre vor dem Richterstuhl unseres Herrn Jesus Christus erhalten. Und sie sollen wissen, daß die Schmach nicht denen angerechnet wird, die sie ertragen, sondern denen, die sie zufügen. Und das Almosen ist das Erbe und der gerechte Anteil, der den Armen zusteht, den unser Herr Jesus Christus uns erworben hat. Und die Brüder, die sich abmühen, es zu sammeln, werden großen Lohn erhalten und lassen die Spender gewinnen und erwerben. Denn alles, was die Menschen in der Welt zurücklassen werden, wird vergehen, aber für die Wohltätigkeit und die Almosen, die sie gegeben haben, werden sie Lohn vom Herrn erhalten« (Nichtbullierte Regel 9, 1–9).

Das Leben in »größter Armut«, das jedoch durch Arbeit und Bettel abgesichert war, hinterließ Franziskus als Vermächtnis seinen Brüdern: »Und wir waren ungebildet und jedermann untertänig. Und ich arbeitete mit meinen Händen und will arbeiten; und es ist mein fester Wille, daß alle anderen Brüder eine Handarbeit verrichten, die ehrbar ist. Die es nicht können, sollen es lernen, nicht aus Sucht, den Arbeitslohn zu empfangen, sondern des Beispiels wegen und um den Müßiggang zu vertreiben. Und wenn uns einmal der Arbeitslohn nicht gegeben würde, so wollen wir zum Tisch des Herrn Zuflucht nehmen und Almosen erbitten von Tür zu Tür. Der Herr hat mir geoffenbart, daß wir als Gruß sagen sollten: ›Der Herr gebe dir den Frieden!‹ Hüten sollen sich die Brüder, daß sie Kirchen, ärmliche Wohnungen und alles, was für sie gebaut wird, keinesfalls annehmen, wenn sie nicht sind, wie es der heiligen Armut gemäß ist, die wir in der Regel versprochen haben; sie sollen dort immer herbergen wie Pilger und Fremdlinge« (Testament 19–24).

Die Sorge, von der Welt abgegrenzt zu leben, führte zur Entscheidung, den Lebensunterhalt als Bettler zu sichern. Zum monastisch-asketischen Ideal der Zeit gehörte auch die Wanderpredigt. Nur ohne Besitz und Arbeitsvertrag konnten die zum apostolischen Leben Bekehrten dem evangelischen Auftrag frei und offen nachkommen. Armut und Bettel wurden also auch Funktionen der apostolischen Tätigkeit. Darauf zielen die Anweisungen im 14. Kapitel der *Nichtbullierten Regel,* die mit dem »Evangelium« abgesichert werden: »Wenn die Brüder durch die Welt ziehen, sollen sie nichts auf dem Weg mit sich führen, weder (vgl. Lk 9,3) Beutel (vgl. Lk 10,4) noch Tasche, noch Brot, noch Geld (vgl. Lk 9,3), noch Stab (vgl. Mt 10,10.) Und wenn sie irgendein Haus betreten, sollen sie zuerst sagen: Friede diesem Haus! (vgl. Lk 10,5). Und sie mögen in diesem Haus bleiben und essen und trinken, was es bei ihnen gibt (vgl. Lk 10,7). Sie sollen dem Bösen nicht widerstehen (vgl. Mt 5,39), sondern wenn sie jemand auf die eine Wange schlägt, sollen sie auch die andere hinhalten (vgl. Mt 5,39; Lk 6,29). Und wer ihnen das Kleid wegnimmt, dem sollen sie auch das Hemd nicht verweigern (vgl. Lk 6,29). Jedem, der sie um etwas bittet, sollen sie geben; und wer das Ihrige wegnimmt, von dem sollen sie es nicht zurückfordern (vgl. Lk 6,30).«

Die Tätigkeit als Wanderprediger – wenigstens »auf Zeit« – wird bald nach der päpstlichen Anerkennung eingesetzt haben. In die Zeit der Anfänge der franziskanischen Buß- und Wanderpredigergemeinschaft verlegte Celano folgenden Bericht: »Zur selben Zeit stieg ihre Zahl durch den Eintritt eines weiteren rechtschaffenen Mannes in den Orden auf acht. Da rief der selige Franziskus alle zu sich und verkündete ihnen noch mehr vom Reiche Gottes, von der Verachtung der Welt, von der Verleugnung des eigenen Willens, von der Unterwerfung des eigenen Leibes. Dann teilte er sie in vier Gruppen von je zwei Mann und sagte zu ihnen: Geht, Geliebteste, je zwei und zwei nach den verschiedenen Weltgegenden und verkündet den Menschen die Botschaft vom Frieden und von der Buße zur Vergebung der Sünden! Seid geduldig in der Trübsal, voll Zuversicht, daß der Herr seinen Ratschluß und seine Verheißung erfüllen wird! Denen, die euch fragen, antwortet demütig; und die euch verfolgen, die segnet; denen, die euch Unrecht antun und verleumden, saget Dank, weil uns dafür das ewige Reich bereitet ist« (1 Celano 29). Über den Inhalt der »Predigt« in der Frühzeit wird sich kaum etwas sagen lassen. Die Anleitungen zur Lob- und Mahnrede des 21. Kapitels der *Nichtbullierten Regel* wird man dafür als eine Art von Skizze und Stichwortsammlung ansehen dürfen. Um Danksagung geht es dabei und um die würdigen Früchte der Buße. Man wird diese Stichworte zu erweitern haben um den Gedanken des Friedens, der in Franzens Mahnungen und Frömmigkeit eine große Rolle spielte. Um eine einfache Predigtweise ging es sicherlich auch noch um 1220 herum, als in dem wohl damals niedergeschriebenen Kapitel 17 der *Nichtbullierten Regel* die Predigterlaubnis eingeschränkt und dafür alle Brüder auf die Predigt durch die Werke verwiesen wurden.

Leben in brüderlicher Gemeinschaft

Das Leben des Evangeliums unter Franzens Leitung befreite die Brüder von den gesellschaftlichen Zwängen. In der brüderlichen Gemeinschaft fanden sie die Anerkennung, die sie als Menschen brauchten; auch Schutz gegen äußerste Not. Selbst für die Krankheit war vorgesorgt. »Wenn einer der Brüder schwer krank werden sollte, mag er sein wo immer, dann sollen die anderen Brüder ihn nicht verlassen, ohne einen oder, wenn notwendig, mehrere Brüder bestimmt zu haben, die ihm dienen, wie sie selber bedient werden wollten. Im äußersten Notfall jedoch können sie ihn einer Person anvertrauen, die sich seiner Krankheit annehmen soll. Und ich bitte den kranken Bruder, er möge für alles dem Schöpfer Dank sagen, und er möge so zu sein verlangen, wie der Herr ihn will, sei es gesund, sei es krank... Und wenn einer verwirrt oder zornig wird, sei es gegen Gott, sei es gegen die Brüder, oder wenn er vielleicht ungestüm Arzneien fordern wird, da er zu sehr sein Fleisch zu befreien begehrt, das bald sterben wird und ein Feind der Seele ist, dann kommt ihm das vom Bösen, und er ist fleischlich und scheint nicht zu den Brüdern zu gehören, weil er den Leib mehr liebt als die Seele« (Nichtbullierte Regel 10, 1–4). Die harte Sprache des letzten Verses ist weniger als Tadel des mangelnden Asketismus denn als Kritik an fehlender Brüderlichkeit gemeint. Ein solcher Bruder würde sich wieder der sozialen Umwelt, aus der er kam und in der nur die Reichen besondere Aufmerksamkeit finden, wieder angleichen. Der Beistand der Brüder sollte ihm genug sein.

Die gegenseitige Aufmerksamkeit und Hilfe kommt sehr schön zum Ausdruck in der Unterweisung über die Almosenbitte: »Und vertrauensvoll soll einer dem anderen seine Not offenbaren, damit er ihm das Notwendige ausfindig mache und verschaffe. Und jeder liebe und ernähre seinen Bruder, wie eine Mutter ihren Sohn liebt und ernährt; dabei wird Gott ihm Gnade schenken. Und wer nicht ißt, soll den, der ißt, nicht richten. Und wenn irgendeinmal Not über sie kommt, soll es allen Brüdern, wo auch immer sie sein mögen, erlaubt sein, sich aller Speisen zu bedienen, die Menschen essen können, wie der Herr von David sagt, der die Schaubrote aß, welche niemand essen durfte als nur die Priester... Ebenso dürfen auch alle Brüder mit dem für sie Notwendigen in Zeit offenkundiger Not verfahren, gleichwie ihnen der Herr die Gnade schenkt; denn Not hat kein Gebot« (Nichtbullierte Regel 9, 10–13,16).

Das lange 22. Kapitel der Nichtbullierten Regel kann als eindringliche Ermahnung zur gegenseitigen Hilfe jener, die sich freiwillig in die Entäußerung allen Besitzes begeben haben, verstanden werden. Wenn das Kapitel, in dem die Schriftworte über die Bruderliebe und das Gottvertrauen wie auf einer Perlenschnur aneinandergereiht und mit den Worten aus den Abschiedsreden Jesu verbunden werden, von Franziskus vor seiner Reise ins Heilige Land verfaßt ist, gewännen die Mahnworte den Charakter eines Vermächtnisses. Auf jeden Fall ist das 22. Kapitel zusammmen zu lesen mit den *Ermahnungen*, die in einer späteren Überarbeitung in 27 Kapitel eingeteilt wurden. Hier heißt es zum Beispiel: »Selig der Knecht, der Zurechtweisung, Anklage und Tadel von einem anderen genauso geduldig ertragen würde, als wenn dies von ihm selber käme. Selig der Knecht, der bei Tadel gütig nicht auf seinem Recht besteht, bescheiden gehorcht, demütig sich anklagt und bereitwillig Genugtuung leistet. Selig der Knecht, der nicht schnell bei der Hand ist, sich zu entschuldigen, und für ein Vergehen, an dem er keine Schuld hat, demütig Schmach und Tadel erträgt« (Kap. 22). »Selig der Knecht, der seinen Bruder, wenn er krank ist, ebenso liebt – was jener ihm nicht entgelten kann –, wie wenn er gesund ist und er es ihm entgelten kann« (Kap. 24). »Selig der Knecht, der seinen Bruder, wenn er weit von ihm entfernt ist, ebenso liebt und um ihn besorgt ist, als wenn er mit ihm zusammen wäre, und der nicht über ihn hinter seinem Rücken sagen würde, was er nicht in Liebe in seiner Gegenwart sagen könnte« (Kap. 25).

Im vierten Kapitel heißt es: »Ich bin nicht gekommen, mich bedienen zu lassen, sondern um zu dienen, sagt der Herr. Jene, die über andere gesetzt worden sind, sollen sich nur so dieses Oberenamtes rühmen, wie sie es tun würden, wenn sie zum Dienst der Fußwaschung an den Brüdern bestimmt worden wären. Und je mehr sie über den Entzug des Oberenamtes stärker in Aufregung versetzt werden, als über das Amt der Fußwaschung, um so mehr füllen sie sich den Geldbeutel an als Gefahr für die Seele.«

Es versteht sich von selber, daß in der Bruderschaft die Oberenämter, die wegen der rasch wachsenden Zahl der Brüder schon bald eingerichtet werden mußten, mit den entsprechenden Sätzen des Evangeliums beschrieben werden. »Ebenso soll hierbei kein Bruder eine Machtstellung oder ein Herrscheramt innehaben, vor allem nicht unter den Brüdern selbst. Denn wie der Herr im Evangelium sagt: ›Die Fürsten der Völker herrschen über diese, und die die Größeren sind, üben Macht unter ihnen aus‹, so soll es unter den Brüdern nicht sein. Und wer auch immer der Größere unter ihnen werden will, der sei ihr Diener und Knecht. Und wer der Größere unter ihnen ist, werde wie der Geringere. Und kein Bruder soll einem anderen Böses tun oder Böses sagen. Ja, vielmehr sollen sie durch die Liebe des Geistes einander freiwillig dienen und gehorchen. Und das ist der wahre und heilige Gehorsam unseres Herrn Jesus Christus« (Nichtbullierte Regel 5, 9–15). »Der Minister aber bemühe sich, so für sie zu sorgen, wie er selbst wünschte, daß ihm geschähe, wenn er in einer ganz ähnlichen Lage wäre. Und keiner soll ›Prior‹ genannt werden, sondern alle sollen schlechthin ›Mindere Brüder‹ heißen. Und einer wasche des anderen Füße« (ebd. 6, 2–4). »Und die Minister und Diener sollen eingedenk sein, daß der Herr sagt: ›Ich bin nicht gekommen, bedient zu werden, sondern zu dienen‹, und daß ihnen die Sorge für die Seelen der Brüder anvertraut ist. Und sollte etwas von diesen durch ihre Schuld und ihr schlechtes Beispiel verlorengehen, so werden sie am Tage des Gerichtes Rechenschaft ablegen müssen vor dem Herrn Jesus Christus« (ebd. 4, 5–6). In dem Bund Gottes mit seinen Armen, den Franziskus mit seinen Brüdern leben will, gilt in allem also die gegenseitige Liebe. Armut und Bruderliebe bedingen sich gegenseitig. Franziskus schärfte beides im Testament von Siena den Brüdern ein: »Daß sie sich zum Zeichen des Gedenkens an meinen Segen und an mein Vermächtnis immer gegenseitig lieben; daß sie immer unsere heilige Herrin Armut lieben und beobachten sollen« (3–4).

In der Bruderschaft spielte allerdings Franziskus eine überragende Rolle. Er war zwar Bruder – von den Brüdern gleichsam mit besonderem Vorzug *der* Bruder genannt, wie Jordan von Giano anmerkt (Chronik 17,15) –, jedoch auch Vater, Meister und Lehrer. Franziskus war darum vor und in aller Regelfixierung die lebendige Regel der Gemeinschaft. Von ihm lernten die Brüder das Leben des Evangeliums. »Der selige Vater Franziskus wurde jeden Tag mit Tröstung und Gnade des Heiligen Geistes erfüllt. Mit aller Wachsamkeit und Besorgnis unterwies er die neuen Söhne durch neue Lehren, indem er sie den Weg der heiligen Armut und seligen Einfalt unbeirrten Schrittes gehen lehrte« (1 Celano 26). Im Zusammenhang mit der Beschreibung des Lebenswandels der Brüder: »Das sind die Lehren, mit denen der fromme Vater nicht nur mit Wort und Zunge, sondern vor allem in Werk und Wahrheit seine neuen Söhne heranbildete« (ebd. 41). Die *Compilatio Assisiensis* ließ Franziskus sagen: »Ich muß Form und Beispiel aller Brüder sein.«

Für diesen lebendigen Unterricht war die »beseligende Gegenwart« des Vaters und Lehrers notwendig. Celano vermittelt davon noch einen Eindruck in der Verbindung des Preises auf den in die ewige Glorie Heimgegangenen und der Bitte um neue Gegenwart: »Du gütiger, glorreicher Vater, hehrsten Lobes würdig, entziehe dich nicht der Sorge für deine Söhne, wenn du auch vom sterblichen Leib, den du mit ihnen gemein hattest, schon geschieden bist. Du weißt, ja wirklich, du weißt, in welch gefährlicher Lage du sie zurückgelassen hast; ihre ungezählten Mühen und vielfachen Bedrängnisse hat allein schon deine beglückende Gegenwart zu jeder Stunde barmherziglich gemildert« (1 Celano 111). Bei Jordan von Giano war es eine Seherin, die den im Heiligen Land weilenden Franziskus aufforderte, schleunigst nach Italien zurückzukehren, um die Wirren, die durch seine längere Abwesenheit in der Gemeinschaft entstanden waren, wieder beizulegen: »Diese sagte den Brüdern, die beim heiligen Franziskus waren: ›Kehrt heim!

Kehrt heim! Denn weil Bruder Franziskus abwesend ist, herrscht im Orden Unordnung, Spaltung und Zerstörung!«« Den Bericht über die nach der Rückkehr Franzens getroffenen Maßnahmen schließt Jordan mit den Worten: »Weil aber sehr viele Brüder wegen verschiedener Gerüchte, die sie über den seligen Franziskus vernommen hatten – so sagten einige, er sei tot, andere, er sei getötet worden, andere, er sei ertrunken –, in Unruhe geraten waren, so kam es ihnen jetzt bei der Erkenntnis, daß er lebe und bereits zurückgekehrt sei, in ihrer Freude vor, als sei für sie ein neues Licht aufgestrahlt« (Chronik, 13 und 15).

Die »beglückende Gegenwart« des Heiligen wirft natürlich auch einiges Licht auf den Gehorsam, den die Brüder ihrem Vater entgegenbrachten. Man wird diesen als eine ganz auf Franziskus ausgerichtete pneumatische Beziehung charakterisieren können. Die durch Antrieb des Heiligen Geistes zum »Evangelium« bekehrten Brüder warteten wie Schüler auf ein helfendes Wort ihres Lehrers und wie Jünger auf ein »Weistum« ihres Meisters. Die ideale Relation von Befehl und Gehorsam war somit durch diese »pneumatische Kongenialität« gegeben, in der der Erfahrungsmangel der Lernenden und Anfangenden aufgeholt wurde durch ihren Vertrauenskredit dem Meister gegenüber. Ein solches Verhältnis beschreibt Celano: »Doch nichts wagten die gehorsamsten Ritter den Befehlen des heiligen Gehorsams vorzuziehen, ja, sie hielten sich schon bereit, den Befehl auszuführen, bevor noch das Wort des Gehorsams ausgesprochen war; und da sie an den Befehlen nichts zu deuten wußten, stürzten sie sich ohne jede Widerrede, gewissermaßen Hals über Kopf, auf jeden Auftrag« (1 Celano 39). »Denn nicht nur das, was ihnen der selige Vater Franziskus in brüderlichem Rat oder väterlichem Befehl sagte, bemühten sie sich eifrigst zu erfüllen, sondern auch das, was er dachte und erwog, wenn sie es nur aus irgendeinem Anzeichen erkennen konnten. Der selige Vater selbst pflegte ihnen nämlich zu sagen, der wahre Gehorsam bestehe nicht allein darin, das ausgesprochene Wort zu befolgen, sondern auch den Gedanken, nicht allein den Befehl, sondern auch den Wunsch; das heißt: Ein untergebener Bruder muß nicht nur dann, wenn er den Befehl seines Bruders Oberen vernimmt, sondern schon, wenn er nur seinen Willen erkennt, sofort rückhaltlos gehorchen und in die Tat umsetzen, was er aus irgendeinem Zeichen als dessen Willen erkennt« (1 Celano 45).

Man kann gegen eine solche Beschreibung des Gehorsams, die für den, der nicht aus der »pneumatischen Kongenialität« lebte, geradezu repressive Züge annehmen mußte, einwenden, Franziskus habe sich der Brüder ganz anders angenommen – erbarmend und geduldig, nachsichtig und voll Verständnis mit deren Schwächen; doch im dritten Kapitel der *Ermahnungen* entwarf der Heilige ein Bild des vollkommenen Gehorsams, das dem Hagiographen Celano geradezu als Vorlage hätte dienen können!

Die vielen hagiographisch angestrahlten Hinweise in den Legenden auf eine umfassende Gehorsamshaltung der Brüder Franziskus gegenüber dürfen nicht minimalisiert werden. Man wird darum nicht gut daran vorbeikommen, zu sagen, daß »Bruder Franziskus, (euer) Knecht und der ganz Kleine« (Brief an die Kustoden I, 1), »der ganz kleine Bruder Franziskus« (Testament 34), als Bruder, Vater, Meister und Lehrer auch der Obere seiner Brüder war. Mit dem Begriff »charismatische Führung« wird man diesen Sachverhalt am besten umschreiben können. Charismatische Führung klingt als Wort recht schön! Der Sache nach verlangt sie Gefolgschaft und Treue; duldet im Wichtigen keinen Widerspruch; erwartet vielmehr eine Haltung, die mit Freude und Jubel den Auftrag des heiligen Gehorsams entgegennimmt und sich mit Begeisterung in die Aufgabe stürzt (vgl. 1 Celano 29). Es ist ohne Zweifel wahr: Charismatiker verstehen zu dienen; doch ein solcher Dienst ist auch »herrschen«. In dem Sinne, daß die Liebe des einen den anderen in die Pflicht nimmt.

Auch Franzens eigene Unterordnung hob seine herausragende Stellung nicht auf. Lebendige Regel blieb er auch, nachdem er die äußere Leitung in die Hände eines Vikars gelegt hatte und diesem gehorsam sein wollte. Von diesem Gehorsam sprach er noch im *Testament*: »Und fest will ich dem Generalminister dieser Brüderschaft gehorchen oder sonst dem Guardian, den er mir nach seinem Willen gibt. Und ich will in seinen Händen sein wie ein Gefangener derart, daß ich nicht gehen noch handeln kann wider den Gehorsam und seinen Willen, weil er mein Herr ist« (Testament 27–28). Für die Deutung der Stelle wird der Bericht der *Dreigefährten* zu bedenken sein: »Allen gegenüber aber erwies er sich als untertan. Obwohl er alle Brüder überragte, bestimmte er doch einen von den Brüdern, die um ihn waren, zu seinem Guardian und Herrn, dem er in Demut und Hingabe gehorchte, um jeder Gelegenheit zum Hochmut aus dem Weg zu gehen. Unter allen Menschen betrachtete er sich stets als den Geringsten« (Dreigefährten 57). Doch diese Unterwürfigkeit hinderte Franziskus nicht, sich bis zum Ende als Haupt des Ordens zu wissen und diesen auf das *Testament* wie auch auf seine *Regel* zu verpflichten: »Und der Generalminister und alle anderen Minister und Kustoden seien im Gehorsam gehalten, zu diesen Worten nichts hinzuzufügen oder wegzunehmen. Und immer sollen sie dieses Schriftstück bei sich haben neben der Regel. . . Und allen meinen Brüdern, Klerikern und Laien, befehle ich streng im Gehorsam, daß sie keine Erklärungen zur Regel und auch nicht zu diesen Worten hinzufügen, indem sie sagen: So wollen sie verstanden werden. Sondern wie mir der Herr gegeben hat, einfältig und lauter die Regel und diese Worte zu sagen und zu schreiben, so sollt ihr sie einfältig und ohne Erklärung verstehen und mit heiligem Wirken bis ans Ende beobachten« (Testament 35–39).

Versuche, die franziskanische Bruderschaft als ein »herrschaftsfreies Zusammenleben« zu beschreiben und daraus Anleitungen zum Handeln für heute abzuleiten, treffen ins Leere. Es war Franziskus, der kraft seiner geistlichen Autorität pneumatische Kongenialität weckte und bewirkte, daß die Gemeinschaft »ein Herz und eine Seele war« (vgl. Apg 4,32). Nichtpneumatisch ausgedrückt: Franzens Integrationskraft reichte hin, eine Gruppenhomogenität zu garantieren, solange die Bruderschaft noch aus einer kleinen und überschaubaren Zahl Gleichgesinnter bestand.

Franziskus personifizierte nicht nur das Leben des Evangeliums, er definierte es auch in entscheidenden Fragen der Lebensweise. Die franziskanische Gemeinschaft war zwar offen für Bußwillige aus allen Ständen; wer indes mit dem einfachen Leben, dem Arbeit und Bettel ein Auskommen sicherten, nicht zufrieden war und mehr verlangte, zeigte damit, daß er nicht zu den Brüdern gehörte (vgl. Nichtbullierte Regel 10,4).

Die gemeinsame Regel verband die Brüder, die auch ein einheitliches Gewand trugen: eine Kutte aus rohem und ungefärbtem Stoff, der von einem Strick zusammengehalten wurde. Auf die Ärmlichkeit der barfüßig einherziehenden Brüder kam es dabei an, nicht auf ein stilisiertes »Ordensgewand«. Denn »die kostbare Kleider tragen und üppig leben« (Lk 7,25) und »die sich weichlich kleiden, sind an den Höfen der Könige« (Mt 11,8) – wie bei der Beschreibung der Kleidung in der *Nichtbullierten Regel* angeführt wird (vgl. 2,14).

»Mindere« sollten sie sein. Von einem nicht mehr datierbaren Zeitpunkt an nannten sie sich dann auch »Mindere Brüder«. Mit der Stelle der *Nichtbullierten Regel*, »sie sollen vielmehr die Minderen und allen untergeben sein, die im gleichen Hause sind« (Kapitel 7,2), verknüpfte Celano die Namensgebung: »Hat er doch den Orden der Minderen Brüder in seinen Anfängen selbst gepflanzt und bei folgender Gelegenheit ihm diesen Namen gegeben. Als er nämlich in der Regel so schreiben ließ: ›Und sie sollen Mindere sein‹, sagte er beim Aussprechen dieses Satzes zur selben Stunde: ›Ich will, daß diese Brüderschaft Orden der Minderen Brüder genannt werde‹« (1 Celano 38). Der Orden der Minderen Brüder, den Celano im Auge hatte, war natürlich nicht mehr die gleiche Gemeinschaft wie die Bruderschaft der ersten Jahre. In der Zeit zwischen 1216 und 1223 geriet diese langsam unter den Einfluß anderer Kräfte, die sie in ihrer Gestalt mitbestimmten. Davon ist an dieser Stelle nicht zu sprechen. Es sollten ja die Merkmale der noch ganz von Franziskus geprägten Bruderschaft der ersten Jahre herausgehoben werden.

Die Buß- und Predigergemeinschaft der »Minderen Brüder« war nach dem Zeugnis nicht nur des frühfranziskanischen Schrifttums, sondern auch der zeitgenössischen nichtfranziskanischen Berichte eine Neuheit. Die einen begrüßten die Lebensweise der Brüder begeistert und feierten sie als pfingstlichen Aufbruch in der Christenheit. Die anderen warnten vor den Gefahren der »unerhörten Neuerung«, der so viele Unerfahrene nachlaufen würden. Wie ist diese Charakterisierung zu verstehen? Zur Beantwortung der Frage bedarf es eines Blickes auf die Geschichte der asketisch-monastischen Bewegung im Abendland.

4
Gestaltwandel des Lebens nach dem Evangelium

Ein im reichen Herrschaftskloster verkommenes und pflichtvergessenes Mönchtum bildet nicht nur in der Rhetorik zu Ehren der Ordensgründer Dominikus und Franziskus den dunklen Hintergrund, von dem sich strahlend die neuen Apostel abheben. Die moralische Schelte reicht indes zur Erklärung für das Entstehen der neuen Gemeinschaften wie auch häretischer Konventikel nicht aus. Schon ein Blick auf die Ausbreitung der Klöster im 12. Jahrhundert sollte nachdenklich stimmen. Denn bis weit über die Mitte des Jahrhunderts hinaus hielt die Gründungswelle von Klöstern der verschiedenen benediktinischen und kanonikalen Verbände an. Das 12. Jahrhundert war das goldene Zeitalter der Zisterzienser, Prämonstratenser und anderer Kanonikerfiliationen. Dazu gesellten sich in großer Zahl die verschiedenen Spitalsgemeinschaften und die Ritterorden. Das 12. Jahrhundert war nicht eine Zeit des Niederganges, sondern einer großartigen Blüte des monastischen Lebens. Die geistige Elite des adligen Abendlandes trug diese monastische Kultur. In den Klöstern dieses Jahrhunderts erlebte die monastische Theologie ihren Höhepunkt, wurde die Leben-Jesu-Frömmigkeit vertieft und wurde ein Ton der Innigkeit und Fühlsamkeit getroffen, der, langfristig gesehen, für die Laienfrömmigkeit überhaupt von großer Bedeutung werden sollte.

Erst bei genauerem Hinsehen bemerkt man Risse. In die monastische Theologie drang langsam eine neue Methode ein. Am raschesten diktierte sie den Stil des Denkens in den städtischen Dom- und Klosterschulen und führte hier zur scholastischen Theologie. Der für den intellektuellen Aufbruch des 12. Jahrhunderts überaus bedeutsame Vorgang wurde begleitet von der Ablösung der Schulen von den Klöstern und ihrer Organisation in selbständigen »Universitäten«. Das geistige Leben verlagerte sich von den alten klösterlichen Zentren auf dem Land an die neuen Schulen in den Städten. Die Stadt war das neue Phänomen des Jahrhunderts. Neben der agrarischen und vom Adel bestimmten Gesellschaft bildete sich nämlich in dieser Zeit eine andere und von einer »Bürgerschaft« getragene städtische Gesellschaft. Diese löste sich langsam aus alten Abhängigkeiten. Sie kam zunächst zu wirtschaftlicher Bedeutung und bald auch zu politischer Macht. Mit der Entstehung und Reaktivierung der Städte im Verlaufe des 12. Jahrhunderts waren tiefgreifende Veränderungen in den verschiedenen Bereichen des Lebens verbunden. Wenigstens partiell wurde mit der Urbanisierung eines Teiles der europäischen Bevölkerung die an agrarische Zwänge gebundene und damit eingeengte Lebensweise überwunden. Durch neue Arbeitsmethoden wurden Arbeitsplätze geschaffen; durch die Arbeit die Produktion gesteigert. Geld kam in Umlauf, und der Kreis derer, die darüber verfügen konnten, erweiterte sich. Für die Produkte mußten Absatzmärkte erschlossen werden. Weitläufigkeit und Mobilität wurden zu einem Merkmal der führenden Schicht der städtischen Unternehmer und Kaufleute.

Die neue Lebensweise, die mit dem Reichtum der einen die Armut der anderen mehrte, die mit ihren Arbeitstechniken jedermann vor Augen führte, daß der neue Reichtum auf der Ausbeutung vieler Menschen als Arbeitskraft beruhte, rief in sensiblen Menschen eine Krise des Gewissens hervor. Die Abkehr von dem »kapitalistischen System« und die Hinkehr zur asketisch-eremitischen Weltflucht vieler Angehöriger der städtischen Bürgerschaft hing damit zusammen. Die vielen Bruderschaften von freiwilligen Büßern sind als Antwort darauf anzusehen. Für die Bekehrung des jungen Franziskus ist dieser Hintergrund im Auge zu behalten. Wie viele andere zog sich Franziskus nicht in ein Kloster zurück. Die Reaktion war anders und radikaler. Doch der Poverello erschöpfte sich nicht im asketischen Protest. Die eremitische Weltflucht war nicht seine ganze Antwort auf die Herausforderungen des städtischen Lebens seiner Zeit. Der bloße asketische Protest in der Gestalt des weltflüchtigen Büßers blieb ja aufs ganze gesehen nur eine negative Reaktion. Zu keiner Zeit jedoch wurde durch die bloße Negation in der Gesellschaft etwas bewegt. Die negativen Protestler nahm man vielleicht zur Kenntnis, meist jedoch nicht einmal dies.

Die Lebensbedingungen der Stadt erschlossen der asketischen Lebensweise neue Möglichkeiten. In einer anscheinend neuen und ursprünglichen Weise konnte das »Leben des Evangeliums« wieder definiert werden. Vor diesem wiederentdeckten Evangelismus nahm sich der überlieferte monastische Lebensstil als überholt und »verweltlicht« aus. Doch die Wiederentdeckung des Evangeliums im städtischen und die Verweltlichung des Klosters im agrarisch-adeligen Milieu sind zu hinterfragen.

Damit ist die Aufgabe für dieses Kapitel gestellt. Der Prozeß der Normierung des asketisch-monastischen Ideals seit der Spätantike ist kurz zu beschreiben, und Zersetzung und Neuformung im Verlaufe des 12. und des beginnenden 13. Jahrhunderts sind zu behandeln. Nur scheinbar führt der Exkurs in die Formgeschichte der monastischen Regel und den Gestaltwandel des »Lebens des Evangeliums« vom Thema weg. Das Mönchtum kannte kein anderes Thema als das »Leben des Evangeliums« – immer eingebunden freilich den sozialen und wirtschaftlichen, den politischen und kulturellen Bedingungen, Bedürfnissen und Forderungen der Zeit. Dieser gegenseitige Bezug soll herausgearbeitet und am Ende des Kapitels in die Antwort auf die »franziskanische Frage« eingebracht werden.

Regulierung und Normierung des abendländischen Mönchtums

Einer der wichtigsten monastischen Grundtexte des beginnenden Mittelalters war die Benediktregel. In einem verwickelten Rezeptionsprozeß, der zu Beginn des 9. Jahrhunderts abgeschlossen war, gewann sie für fast 200 Jahre so etwas wie Alleingeltung. Das abendländische Mönchtum wurde ein »benediktinisches«. Mit dieser Disziplinierung und

Formung, die in ihrer Bedeutung kaum zu über-
schätzen ist, war jedoch auch eine Definition des
Mönchtums verbunden. Denn im ersten Kapitel
der Benediktregel wurde eine folgenschwere Klas-
sifizierung des Mönchtums vorgenommen. Der
wichtige Text lautet: »Bekanntlich gibt es vier Arten
von Mönchen. Die erste Art ist die der Cönobiten.
Diese leben im Kloster und dienen unter Regel und
Abt. Dann gibt es eine zweite Art, die der Anacho-
reten oder Eremiten: Diese nehmen das Mönchsle-
ben nicht im ersten Eifer des Anfängers auf sich,
sondern haben eine lange Zeit der Prüfung und Bewährung im Kloster verbracht. Durch die Hilfe vieler Brüder geschult, haben sie gelernt, gegen den
Teufel zu kämpfen. Wohlgerüstet treten sie aus der
Reihe der Brüder heraus und nehmen den Einzel-
kampf in der Wüste auf. Mit der Hilfe Gottes sind
sie nun im Stande, furchtlos, ohne Beistand anderer, allein und aus eigener Kraft gegen die Verderb-
nis des Fleisches und der Gedanken zu kämpfen.
Eine dritte, ganz abscheuliche Art von Mönchen ist
die der Sarabaiten. Diesen fehlt die Schule der Erfahrung; sie haben sich nicht in der Zucht einer
Regel bewährt wie das Gold im Feuerofen, sondern
sind weich wie Blei. Durch ihre Taten halten sie
immer noch der Welt die Treue und belügen offenkundig Gott mit ihrer Tonsur. Zu zweit oder zu
dritt oder auch allein leben sie ohne Hirten; statt in
den Hürden des Herrn, sind sie in sich selbst ein-
gesperrt und betrachten ihr eigenes Begehren und
Behagen als ihr Gesetz. Sie nennen all das heilig,
was sie selbst für gut und wichtig halten; was sie
aber ablehnen, das gilt ihnen als verboten. Eine

vierte Art von Mönchen ist die der sogenannten Gyrovagen. Diese treiben sich ihr Leben lang in verschiedenen Gegenden herum und halten sich in den Zellen einzelner Mönche drei oder vier Tage auf; immer unstet, nie beständig, sind sie Sklaven ihrer Launen und der Gaumenlust und sind in jeder Hinsicht noch verkommener als die Sarabaiten. Es ist besser, vom erbärmlichen Leben all dieser Mönche zu schweigen, als davon zu reden. Lassen wir sie also beiseite und gehen wir daran, der tüchtigsten Art, nämlich den Cönobiten, mit Gottes Hilfe eine feste Ordnung zu geben.«

Von den aufgezählten vier Mönchsarten fielen eigentlich alle bis auf die »tüchtigste Art«, die zönobitische, durch das Regelexamen. Die Eremiten wurden in einer Weise zu vollkommenen Menschen hochgelobt, daß kaum ein Mönch, der es mit der Demut, der Grundtugend des regulierten Mönchtums, ernst meinte, sich noch einem solchen Stand zuzurechnen wagte. Die Sarabaiten und Gyrovagen mit ihrer »erbärmlichen Lebensweise« jedoch wurden als Unmönche in Verrruf gebracht. Das kam einer Denunziation der frühmonastischen Lebensweise gleich. Denn die ins Visier genommenen Sarabaiten (aus den koptischen Wörtern für »zerstreut« und »Kloster« zusammengesetzt) waren die zerstreut und noch ohne festere Sozialisationsformen lebenden asketischen Einsiedler. Asketische Heimatlosigkeit und freiwillige Fremdlingsstandschaft, in der man sich um Christi willen der Härte und Barmherzigkeit anderer Menschen aussetzte, waren das Motiv der »Wandermönche«, die in der Benediktregel als Gyrovagen (= im Kreis

schweifend) zu unsteten Vagabunden und herumstreunenden Faulenzern deformiert wurden.

Das asketisch-monastische Ideal wurde also durch
die Benediktregel normiert und verengend definiert. Zur Erfassung des asketisch-monastischen
Grundanliegens ist es daher angebracht, sich nicht
nur am regulierten Mönchtum der Antike zu orien-
tieren.

Das monastisch-asketische Anliegen

Dieses nach Entstehung und Ausformung seiner
Leitbilder ausführlich darzustellen, ist hier nicht
möglich und auch nicht nötig. Im Blick auf die
»franziskanische Frage« genügt es, die wichtigsten
Merkmale herauszuheben und die Linien der Entwicklung durchzuziehen.

Mit Formeln wie »Freisein für Gott« oder »Gott suchen« kann das konstitutive Motiv für die monastische Lebensweise angedeutet werden. Die Bekehrung zum Evangelium stand am Anfang und sollte
sich in einem Leben der Buße bewähren. Die asketische Lebensweise war also unlösbar mit dem monastischen Selbstverständnis verbunden. Ohne
sichtbare Trennung von der Welt konnte die monastische Freiheit des Lebens in der Buße nicht gefunden werden. So gehörten zur asketisch-monastischen Lebensweise immer die Ehelosigkeit, der
Verzicht auf Besitz und ein in den Einzelheiten
nicht genau bestimmtes Maß von asketischer Praxis.

Sowohl das konstitutive Motiv als auch die Einzelheiten des Lebensstils wurden in der Heiligen

Schrift gefunden. Die asketische Deutung der Schrift, die im frühen Christentum keine geringe Rolle spielte, wies den monastischen Asketismus als authentische Form des Lebens nach dem Evangelium aus. Eine andere als die biblische Begründung kam nicht in Frage. Als Echo auf diese Überzeugung ist der Satz in der Benediktregel zu verstehen: »Ist denn nicht jede Seite und jedes von Gott beglaubigte Wort des Alten und Neuen Testamentes eine gerade Richtschnur für das menschlich Leben?« (Kap. 73, 3). Der direkten Schriftverweise für das asketisch-monastische Leben gab es ja genug. Ganz allgemein schon alle jene Sätze, die von der Vergänglichkeit der Welt und der damit verbundenen Relativierung der irdischen Werte sprachen. Dazu dann im besonderen das große Bündel ernster Worte der Jesus-Nachfolge in den Evangelien, an erster Stelle immer wieder Mt 19, 16–30 (reicher Jüngling); dann Mt 6, 19–21; 10, 17–21; Lk 12, 13–21; Lk 16, 19–31 usw.

Die Nachfolge Jesu spielte in der monastischen Existenzweise des Freiseins für Gott, der Gottsuche und des Gehorsams gegenüber dem göttlichen Willen überhaupt eine zentrale Rolle. »Wenn Christus unser Meister ist, müssen wir seine Nachahmer werden,« hieß es schon im Schrifttum des Pachomius. Basilius († 379) schrieb: »Die Mönche tragen das Todesleiden Christi an ihrem Leibe und folgen ihm nach.« Mit diesem Gedanken klang ein Thema an, das in der mittelalterlichen Passionsfrömmigkeit verbreiteten Widerhall fand. Gleiches gilt von der von Hieronymus († 419) zitierten Formel »nackt dem nackten Christus nachzufolgen«.

Als Ausfächerungen der Jesusnachfolge sind zu verstehen die Themen der Nachfolge der Apostel und der Propheten. Für letztere konnte man sich auf Heb 11, 37f. berufen: »Sie zogen in Schafspelzen und Ziegenfellen umher, notleidend, bedrängt, mißhandelt. Sie, deren die Welt nicht wert war, irrten umher. In Wüsten und Gebirgen, in den Höhlen und Schluchten des Landes.« Bis in den Lebensstil hinein konnte die Schriftstelle ein Vorbild abgeben. Als Nachfolger der Märtyrer wiesen sich die Mönche aus durch das Zeugnis ihrer asketischen Lebensweise, sie, »die sich um des Himmelreiches willen auf das eine Werk beschränken und auf die vielgeschäftige Tätigkeit der Welt verzichten«, wie Orosius († nach 418) das monastische Leben definierte. Die asketische Lebensweise als Nachfolge Christi war verbunden mit dem Zeugnis der eschatologischen Existenz. Die Mönche wollten Ernst machen mit der apostolischen Mahnung, ohne unnötige Bedrängnis zu sein, weil die Zeit kurz sei (vgl. 1 Kor 7, 28–31). Prophetennachfolge im Sinne einer vorauslaufenden Ansage der Vollendung verband sich mit dem Gedanken der eschatologischen Existenz, die die noch ausstehende Vollendung bereits asketisch repräsentierte, Verheißung und Erfüllung also nicht nur ansagte und sakramental vergegenwärtigte, sondern asketisch vorlebte. Ein ganzes Bündel monastischer Selbstbezeichnungen gehörte dazu – philosophisches, theologisches und geistliches Leben; alle zusammengefaßt in der Vorstellung vom »engelgleichen Leben«. Die monastische Existenz im engelgleichen Leben wurde also auch als wiedergewonnenes und vorweggenommenes Paradies verstanden und als Symbol der angesagten Versöhnung aller Gegensätze gedeutet, an denen die durch die Sünde verschattete Schöpfung noch leide.

Gelebt wurde die neue und geistliche Existenz außerhalb der Welt. Der Auszug aus den normalen Bezügen des Lebens richtete sich auch gegen die Gemeinde: gegen wirkliche oder vermeintliche Verweltlichung; gar nicht so selten gegen die vom Bischof geleitete und geordnete Gemeinde, der sich jeder einzufügen und auf seine Weise zu dienen hatte, auch die Asketen. Um ihres asketischen Lebensstils willen distanzierten sie sich von der »Amtskirche«, zogen sich von ihr zurück und lebten in abgesonderten Zirkeln das »alternative Leben«. Zu Verweigerern und Aussteigern wurden sie aus der Sorge, im Vielerlei der Gemeindedienste das »Viel« der asketisch-monastischen Berufung zu verfehlen. »Fliehe die Menschen, und du wirst gerettet werden«, hörte der zur asketischen Lebensweise bekehrte Arsenius eine himmlische Stimme sagen. In dem von keiner bischöflich-gemeindlichen Reglementierung erfaßten Freiraum suchten sie nach den Bedingungen für ihre asketisch-pneumatische Selbstverwirklichung.

Die Absonderung von der Welt schien wegen der vielen weltlichen Versuchungen geboten. Die Separation konnte allerdings nicht auf die Spitze getrieben werden, die totale Isolation bedeutet hätte. Der Zusammenschluß der Asketen in einer noch so losen Form war geboten: als gegenseitige Hilfe und auch zur gegenseitigen Kontrolle. Das führte zur losen Verbindung untereinander, zur Schaffung eines asketisch-monastischen Lebensraumes, den man Monasterium nannte. Dabei dachte man zunächst weniger an ein festgefügtes Haus – ein »richtiges Kloster« – als an eine von Welt und Kirche abgehobene andere Lebensweise. Diese mochte Protest und Projekt in einem sein. Ersteres in dem Sinne: wir sind die Nachfolger Jesu; letzteres im Sinne der Rollenverteilung: als »Basisgemeinde« der Großgemeinde das Ideal vorzuleben und vorzubeten; an ihrer Stelle und für sie den Kampf mit den Dämonen zu führen.

Das monastische Selbstverständnis zeigte einen erstaunlichen Grundkonsens im Wesentlichen bei gleichzeitiger Variation im einzelnen. In der vielfältigen Ausformung des grundsätzlich einheitlichen monastischen Weges sollte das »andere Christentum« gelebt werden, das bewußte und gewollte Anderssein, das sich im Auszug aus der Welt niederschlug. In diesem Exodus war so etwas wie ein nomadischer und unruhiger Trieb am Werk. Was Wunder, daß das frühe Mönchtum immer wieder von Unruhe an- und umgetrieben wurde. Die Unruhe bezog sich auf die eigenen Formen, also die asketisch-monastische Welt. Ausbruch unter Umständen aus der Norm, mit der der Meister seinen Schüler formen wollte. Ausbruch erst recht und immer wieder aus den für das Zusammenleben halbwegs geordneten Formen, Normen und Gewohnheiten, die als Bindung, Einschränkung und Kompromiß empfunden wurden.

Die ortlose Unbehaustheit und Steigerung des Freiseins von Bindungen und Gewohnheiten konnte bis zum Extrem und zur Pervertierung reichen. Für deren lächerliche oder ärgerliche Formen bleiben auch soziale Gründe zu berücksichtigen. Die »Freiheiten« der monastischen Lebensweise zogen an. Nicht nur die zur ernsten asketischen Nachfolge Christi Bereiten kamen, auch entlaufene Soldaten und bodengebundene Bauern. Modern könnte man sagen: auch die bloßen Aussteiger und Leistungsverweigerer!

Mit der Ausbreitung und dem Anwachsen der asketisch-monastischen Bewegung waren jedoch Ordnung und Reglementierung nötig geworden. Dieser Gestaltwandel erfolgte in zwei Schritten. Zunächst bildete sich neben dem anachoretischen ein zönobitisches Mönchtum. Dieses trat in Konkurrenz mit ersterem. Im zweiten Schritt wurde dann die nichtregulierte asketische Lebensweise negiert. Wer hinter der Entwicklung stehenblieb, wurde als Sarabait und Gyrovag angesehen. In der beginnenden Konkurrenz der verschiedenen Lebenswege trat der ungeregelte Asketismus zunächst noch selbstbewußt auf. So sagte ein Einsiedler zu dem Vorsteher eines Klosters: »Du bist Vorsteher von Kindern; ich bin der Vorsteher von Vorstehern.«Der Sinn ist klar: Jeder Einsiedler steht als Meister und Vollkommener sich selbst vor. Ein anderer Einsiedler entgegnete auf die Klage eines Schülers, daß er ihm keine Weisung gebe: »Ich bin doch kein Klostervorsteher, der Befehle erteilt!« Der Einsiedler Poimen warnte einen Bruder, der in ein Kloster eintreten wollte: »Das ist der Ort der Unfreiheit, in dem man nicht einmal über das Notwendigste wie ein Wassergefäß frei verfügen darf!« Dem in der anachoretisch-monastischen Weisheitsüberlieferung viel erwähnten und hochverehrten Poimen wird auch der Ausspruch zugeschrieben: »Im Kloster braucht man drei Dinge: Demut, Gehorsam und ein bewegliches Ding mit einem Stachel!« Wenn die Stelle in der Überlieferung nicht verderbt wurde, bedeutete das »Ding mit dem Stachel« soviel wie die Peitsche, mit der Gehorsam und Unterordnung erzwungen werden sollten!

Doch im Verlaufe des 4. Jahrhunderts wurde die Überlegenheit der anachoretischen Lebensweise bezweifelt. Von zuchtlosen Wandermönchen, arbeitsscheuem Mönchsgesindel, herumstreunenden Zugvögeln, die auf Kosten anderer lebten, sprach man jetzt. Circumcellionen nannte der heilige Augustinus jene, die keine Mönche sein wollten, weil sie Disziplin und gemeinschaftliches Leben verabscheuten. Für Cassian († um 430), der das asketisch-monastische Ideal in seinen Schriften dem Westen vermittelte und erschloß, war es eine ausgemachte Sache, daß die Gyrovagen und Sarabaiten gar nicht dem Willen Gottes, sondern der eigenen Einbildung folgten. Das erste Kapitel aus der Benediktregel rundete dann die Kritik ab und bestätigte in der spätantiken und frühmittelalterlichen asketisch-monastischen Bewegung jene, die im gemeinschaftlichen Leben unter der Leitung von Abt und Regel das Ideal sahen.

Für die Zeit zwischen 400 und 700 können noch mehr als 30 lateinisch verfaßte Mönchsregeln ausgemacht werden. Es handelt sich dabei teils um Übersetzungen aus dem Griechischen, teils um Neuschöpfungen des abendländischen Mönchtums. Der Zug zur Ordnung hatte das Mönchtum des Westens erfaßt, das sich unter das Diktat der Bewahrung der Überlieferung durch Regel und Definition stellen wollte. Es ging dabei um Sicherung des monastischen Erbes; um Absetzung von asketischen Zerrformen und Entartungen. Immer wieder wurde für die Notwendigkeit der Regulierung das Schriftwort zitiert: »Wo kein Grenzzaun ist, geht das Erbe verloren« (Sir 36, 30).

Zum Verständnis von Regel und Gehorsam

Das organisierte und gemeinschaftlich lebende Mönchtum wußte sich als wahrer Erbe der Überlieferung der Väter. So ließ die um 450 entstandene »Regel der vier Väter« vier heroische Gestalten der Wüstenväterzeit auftreten, die mit ihrem Spruch wichtige Fragen des gemeinsamen Lebens lösten. Der Sinn ist klar: Die Regel will nur Anwendung und Fortschreibung des monastischen Grundkonsenses sein. Benedikt von Aniane († 821) sammelte zur Erklärung der Benediktregel noch 24 andere spätantike oder frühmittelalterliche Regeltexte. Sie seien die kleinen Sträußchen aus dem großen Blumenstrauß, der Benediktregel, die als Inbegriff der gesamten monastischen Überlieferung zu gelten habe.

Am Anfang ihrer Entstehung war also die Regel, verstanden als neue literarische Gattung im monastischen Schrifttum, ein Versuch, den Grundkonsens der monastischen Lebensweise in Leitworte zu bringen. Neues sollte und durfte mit der Regel gar nicht geschaffen werden. Sie wollte nur in der je neuen und anderen Umgebung das Alte neu sagen. »Leben nach der Regel« kam also von dieser Idee her der Absichtserklärung gleich, in Treue zum Ursprung und zur Norm des Anfangs zu leben. Wenn der Verfasser der Benediktregel mit den Worten beginnt: »Höre, mein Sohn, auf die Lehre des Meisters und neige das Ohr deines Herzens; nimm die Mahnung des gütigen Vaters willig an und erfülle sie durch die Tat«, so stehen hinter dem schreibenden Meister die Lehrmeister der monastischen Tradition. Weil der Regelschreiber in dieser Tradition wurzelte und sich als ihr authentischer Interpret verstand, konnte er auch um Gehorsam werben. Denn im Gehorsam zur Tradition ging es um nichts anderes als um die Treue zur Nachfolge Jesu. Die Regel als Auslegung der monastischen Tradition war nur die Fortsetzung der asketischen Auslegung des Evangeliums.

Auf die evangelische Verwurzelung der altmonastischen Regel ist mit Nachdruck hinzuweisen. Man darf den Zusammenhang von Regel und Evangelium nicht vergessen, wenn man von dem franziskanischen Leben nach dem Evangelium spricht. Die monastische Regel war wie ein aus den Fäden des Evangeliums gewobenes Tuch. Da gab es zunächst die vielen direkten Schriftzitate. Dann die aus dem lebendigen Umgang mit der Schrift entstandenen Erfahrungssätze der altmonastischen Spruchweisheit. Und schließlich die Erfahrung des Regelschreibers, der als Geistträger aus der Überlieferung der »narrativen monastischen Theologie« lebte und sie auf die Gegenwart hin auslegte. In diesem Sinne wurde die Regel zum belebenden und rettenden Gesetz, das in der Benediktregel dem

Novizen vorgehalten wurde: »Das ist das Gesetz, unter dem du dienen willst. Kannst du es beobachten, so tritt ein! Kannst du es aber nicht, so steht es dir frei wegzugehen« (Kap. 58, 10).

Der geforderte Gehorsam sollte natürlich nicht in ein gesetzliches Joch zwingen. Denn als geistgewirkt galt auch der Wille zur Befolgung. Es ging dabei um konkrete Auslegung und Anwendung von Röm 8, 15, wonach der Glaubende nicht den Geist der Knechtschaft, sondern den Geist der Kindschaft empfangen habe, der ihn Abba, Vater, rufen lasse. Man kann, wie oben schon geschehen, diese Beziehung von Befehl und Gehorsam pneumatische Kongenialität nennen.

Die Vorstellung von der pneumatischen Kongenialität zwischen Fragendem und Antwortendem war im Umraum der asketischen Einsiedler entstanden. Hier ließ sich der geistgewirkte Gehorsam auch einfacher proklamieren, denn der Schüler hatte sich von Anfang an einen »kongenialen Meister« ausgesucht bzw. ging, wenn der zunächst Erwählte nicht den Vorstellungen entsprach, zu einem anderen. Doch die gleiche pneumatische Kongenialität wurde auch für das regulierte Mönchtum vorausgesetzt. Damit aber fingen jene kleinen und großen Schwierigkeiten an, die bereits in der polemischen Konkurrenz von anachoretischer und zönobitischer Lebensweise formuliert wurden. Denn in der gemeinschaftlichen asketischen Lebensweise ging es um Einordnung und Unterordnung. Noch alle Kleinigkeiten des Alltages wurden für die gegenseitige Erbauung wichtig und erhielten die Qualität einer Liturgie. In der Benediktregel wird zum Beispiel im 43. Kapitel vom Gottesdienst gesprochen, dem nichts vorgezogen werden dürfe. Des langen und breiten werden aus diesem monastischen Grundprinzip die Folgerungen gezogen: Festlegung der Gebetszeiten und des Gebetspensums. Und so verfährt man mit allen anderen Dingen. Banale Vorgänge werden stilisiert und in »höfliche« Formen umgegossen. Noch dem Vokabular der Benediktregel merkt man an, daß es die disziplinierte Schule und die wohlgeordnete Werkstatt zum Vorbild hat. Das anachoretische Mönchtum konnte eine solche alle Dinge und Vorgänge erfassende Reglementierung leicht als Knechtung und Unfreiheit anprangern.

Zur Regulierung und zum entsprechenden Gehorsam führten also das Verständnis von Regel als lebendige Auslegung des Evangeliums und die Vorstellung von einer pneumatischen Kongenialität. Der Zwang zu Kasernierung und Reglementierung wurde als Konkretisierung davon verstanden. Darum galt überall die Verpflichtung des Buchstabens der Regel. Buchstabe und Geist wurden nicht als Gegensatz verstanden, sondern als belebendes Gesetz begriffen. Sterbend soll Pachomius gesagt haben: »Wenn ihr nicht nach jedem Wort des Gesetzes, das ich euch festlegte, wandelt, wenn ihr nicht danach handelt und sie erfüllt, werdet ihr keinen Ort für eure Seelen finden.« Des heiligen Franziskus Ermahnungen im *Testament* erinnern an die Worte des Pachomius. Für beide war ihre Regel ja nichts anderes als das »Leben des Evangeliums« – vom Herrn selber den Erleuchteten eingegeben. Was anderes als genaue Befolgung mit der damit verknüpften Verheißung des himmlischen Segens sollte es auf diese »Sätze heiligen Rechts« geben können? Freilich, so einfach ließ sich das »Leben des Evangeliums« nicht normieren. Von einer Identifizierung des Regelbuchstabens mit dem Evangelium war man noch weit entfernt.

Zwar mochte Pachomius daran gedacht haben, über den Tod hinaus seine Mönche an ein geschriebenes Wort zu binden, was der koptischen Mentalität, alle Dinge gesetzlich zu verankern, entsprach. Das abendländische Mönchtum lehnte eine solche Verbindlichkeit noch ab. Denn viele Dinge des gemeinsamen Lebens waren von der schriftlich fixierten gesetzlichen Regelung gar nicht erfaßt. Zur Ordnung dieser Dinge berief man sich auf mündliche Überlieferungen und Erfahrungen. Dabei kam dem Klostervorsteher eine führende Rolle zu. Die Regel der Spätantike und des frühen Mittelalters war auf den Abt hingeordnet. Der Abt selber war zunächst die »Regel«. Er verfügte, was jeweils zu tun und wie in seinem Kloster die monastische Tradition auszulegen und anzuwenden sei.

Nicht jede durch den Abt vorgelebte Regulierung fand auch schriftliche Fixierung. Dort, wo es sie gab, bedeutete das noch nicht, daß die Klostergemeinschaft über den Tod des Abtes hinaus darauf verpflichtet geblieben wäre. Ein anderer und besonders gut gelungener Regeltext konnte rezipiert werden. Die Schreiber von solchen erfolgreichen Regeln hatten bei der Niederschrift natürlich noch keine Ausbreitung im Sinn. Auch dort, wo man sich aus Pietät und in Treue an die Regel des früheren Abtes hielt, ging es zunächst um den Gehorsam gegenüber dem Abt und noch nicht um den Gehorsam gegenüber einer Regel. Mit anderen Worten heißt das: Profeß machte man eigentlich nicht auf die Regel, sondern auf den Abt. Die je konkrete Regel sah man zwar als einen verbindlichen Text an, doch das schloß nicht aus, daß man ihn mit anderen Regeltexten ergänzen und kommentieren konnte. Nur aus einem solchen Verständnis von »Regel« heraus konnte es im frühmittelalterlichen Mönchtum die Praxis der Mischregel geben. Neben dem Text der einen Regel wurde auch noch der einer anderen befolgt! Diese verbindliche Unverbindlichkeit der Regel war, um das nebenbei zu erwähnen, auch eine wichtige Voraussetzung für die allmähliche Verdrängung der vielen lokalen Klosterregeln durch die Benediktregel.

Am Ende dieses Rezeptionsprozesses freilich hatte sich auch das Verständnis von Regel geändert. Die eine und durch ihren »römischen Ursprung« geheiligte Benediktregel wurde zum verbindlichen Gesetz. Nicht nur für die klösterliche Gemeinschaft der Brüder, sondern auch für den Vorsteher. Die Regel band jetzt jeden Mönch und jedes Kloster in gleicher Weise; und sie band auf Dauer. Der große Interpret dieses Regelverständnisses war Benedikt von Aniane. Der Oberabt der karolingischen Reichsklöster war damit zum Vollstrecker einer Entwicklung geworden, an der verschiedene Kräfte beteiligt waren. Das Verständnis der Regel als überpersönliches Gesetz war gewiß in der innermonastischen Entwicklung vorbereitet worden. Die Regulierung des monastischen Grundkonsenses war auf Dauer nicht zu umgehen. Daß aber die

Regulierung zur gesetzlichen Uniformierung wurde, hing entscheidend mit der Indienstnahme des Mönchtums für die gesellschaftlichen und kirchlichen Bedürfnisse der Zeit zusammen.

Monastische Freiheit und Dienst an der Welt

An Asketen, die im Auszug aus der Welt und im Leben in einer »asketisch-monastischen Subkultur« ihr Heil suchten, hatte die spätantike und frühmittelalterliche Gesellschaft wenig Interesse. Der asketisch-monastische Lebensstil erfreute sich jedoch höchster Wertschätzung, wo er sich den Bedürfnissen einpaßte und sich in Dienst nehmen ließ. Sarabaitische oder gar gyrovage Lebensweise kamen dafür nicht in Frage. Denn was die Zeit brauchte, war ein im »Kulturkloster« seßhaft gewordenes Mönchtum.

Zunächst gilt das im wörtlichen Sinne: an Grund und Boden gebunden und diesen bebauend, statt heimatloser Unruhe seßhafte Ortsgebundenheit. Mit der Kultur des Ortes sollten dann Askese, Frömmigkeit und Bildung verbunden werden. Diese ortsgebundene monastische Kultur war natürlich nicht als Selbstzweck gedacht. Denn das sich regulierende und kultivierende Kloster hatte der »christlichen Gesellschaft« dienstbar und nützlich zu sein.

Es waren die reichen Grundbesitzer, die als Klosterstifter seit der Spätantike auftraten. Cassiodor († um 583) deutete die Verbindung von Stifter und Mönchen an in der Erklärung zu Ps 103, 16–17. »Der Sperling ist ein gar kleiner und vorsichtiger Vogel. In den Zedern des Libanon bauen sie ihre Zelte.« Gemeint ist mit dem Bild: In den Besitztümern der reichen Christen bauen sich die Mönche ihre Klöster! Zunächst war es aus religiösen Motiven zu einer solchen Besitzübertragung der Reichen gekommen. Die Bußpredigt der Zeit half dem Verzichtwillen kräftig nach. Denn man erwartete, daß der Reiche in der Buße der letzten Stunde eine Besitzverlagerung vornahm. Indem man die Mönche beschenke, erwerbe man sich einen Schatz im Himmel. Dieses religiöse Motiv setzte sich fort und kehrte, je weiter man ins Frühmittelalter hineinschritt, in primitiverer Form wieder. Der reiche Grundbesitzer gründete und unterhielt ein Kloster, in dem stellvertretend für ihn die Mönche beteten und Buße leisteten. Aus dieser Vorstellung heraus führte zum Beispiel schon der Burgunderkönig Sigismund in dem von ihm geförderten Kloster St. Maurice 522 zur Sühne für die Freveltaten seiner im Kampf gefallenen Söhne das »ununterbrochene Gotteslob« ein.

Das Kloster also im Dienst der Heilssorge, der Fürbitte für die Stifter. In dieser Beziehung hielt die Verbindung von Mönchtum und »herrschender Klasse« das ganze Mittelalter hindurch an. Man hat sich zu merken: auch im Blick auf den frappierenden Erfolg der Bettelorden in der städtischen Gesellschaft des 13. Jahrhunderts. Denn jene, die Franziskaner und Dominikaner, diese neuen »Armen Christi«, förderten und unterstützten, taten das auch um ihres ewigen Heiles willen. Noch für das 13. Jahrhundert galt die religiöse Voraussetzung, die diese schichtenspezifische Heilssorge hatte aufkommen lassen: der Zerfall des Gemeindechristentums, das als »Gemeinschaft der Heiligen« gemeinschaftlich geistliche Verantwortung füreinander trug und im gemeindlichen Gebet zum Ausdruck brachte. Es war das Kloster, das in dieser Beziehung die Gemeinde beerbte. Auf sie verzichtete man, nicht jedoch auf die heilsvermittelnde Funktion. Die Mönche als fromme Asketen übernahmen die Aufgabe. Die jeweils herrschenden Schichten ließen es sich darum auch etwas kosten, fromme asketische Heilsvermittler in »Eigenregie« zu unterhalten.

Die Integrierung des Mönchtums in die Schicht der Herrschenden und die Indienstnahme für deren Bedürfnisse wurden noch von einer anderen Seite vorangetrieben und reichte weit über das Religiöse hinaus. Das spätantike weströmische Reich war geprägt von einem fortschreitenden Zerfall der staatlichen Macht. Die Großräumigkeit der staatlichen Macht zersetzte sich in kleinräumige Herrschaftsgebilde. Der folgenschwere Umwandlungsprozeß kann in dem Stichwort angedeutet werden: Aus dem spätantiken Großgrundbesitzer wurde der frühmittelalterliche Grundherr als Träger von lokaler Gewalt mit den Merkmalen öffentlich-rechtlicher Herrschaft. Dieser Prozeß erfaßte auch die Kirche. Aus den zur städtischen Bischofskirche gehörenden ländlichen Seelsorgestationen wurden grundherrschaftliche Eigenkirchen. Über diese verfügte in personen- und sachenrechtlicher Hinsicht nicht mehr der Bischof, sondern der Grundherr. Genauso verhielt es sich mit den Klöstern. Sie wurden mehr und mehr zu grundherrschaftlichen Eigenklöstern bzw. von vornherein als solche gestiftet. Man übereignete in der Besitzentäußerung um des Himmelreiches willen das materielle Gut also dem eigenen Kloster. Auf diese Weise wurde aus der Besitzabstoßung eine Besitzsicherung. Denn die Eigenklöster blieben im Schutz der Gründerfamilie. Schutz aber bedeutete im frühen Mittelalter auch Abhängigkeit des Beschützten vom Schützer. Die vom Klosterherrn geschützte Stiftung stand diesem immer noch zur Verfügung und hatte seinem Nutzen zu dienen.

Zu Nutz und Frommen ihrer Stifter dienten die Mönche. Durch Gebet und asketisches Leben erflehten sie des Himmels Gnade auf die Herrschaft ihrer Herren herab. Durch kultivierende und kolonisatorische Tätigkeit waren sie für diesen auch zu einem wirtschaftlichen Aktivposten geworden. Durch die geistigen Tätigkeiten der Mönche konnte unter Umständen das Kloster so etwas wie ein »Kulturzentrum« werden. Je mächtiger der Stifter, je umfassender seine Herrschaft, desto größer auch die Dienste seiner Hausklöster. Am Ende stand das karolingische Königs- und Reichskloster, das als Großkloster etwa vom Zuschnitt St. Gallens eigentlich alle Bedürfnisse der damaligen Gesellschaft abdeckte. In diese Institution waren auch die direkt kirchlichen Dienste des Mönchtums eingebracht. Der Mönch zwar weniger als Mann der direkten Seelsorge, dafür aber vor allem als einer, der sich der göttlichen Liturgie weiht. Dem »opus dei« (Werk Gottes) zu leben, war auch in der Benediktregel (vgl. Kap. 43, 3) als monastisches Ideal entworfen worden. Doch was hier als Ausdruck des monastischen Selbstverständnisses der Gottsuche und des Gottesdienstes verstanden werden muß, war jetzt zu einem offiziellen Auftrag der Gesellschaft geworden. Da zu diesem liturgischen Werk jedoch entsprechend der gewandelten frühmittelalterlichen Frömmigkeit unbedingt auch die Feier der Messe gehörte und man überhaupt im Priester einen »Heiligen« sah, der in geradezu ausschließlicher Weise durch sein priesterliches Tun die Gnade des Himmels vermittelte, ergab sich fast wie von selbst die fortschreitende Klerikalisierung des ursprünglich laikalen Mönchtums.

Zu dieser Klerikalisierung führten natürlich auch noch andere Faktoren. So hatte es seit der Spätantike schon klerikale Gemeinschaften gegeben, die asketisch-monastisch lebten. Hingewiesen sei in diesem Zusammenhang auf Augustinus, dessen gemeinschaftliches Leben mit seinen Priestern als Vorbild lebendig blieb und vielfache Nachahmung fand. Besonders an den Basilikalkirchen gab es solche Gemeinschaften. Also an Gotteshäusern über den Gräbern von Märtyrern und vielverehrten Heiligen. Als Mönche konnten sie den Gottesdienst nur fortsetzen, wenn sie Kleriker blieben. Der Gedanke, Gott zu dienen, wurde damit konkretisiert zum Dienst an einer Lokalkirche; zu Dienst und

Lebensweihe für einen Heiligen. Ihm diente und lebte der Mönch, ihm weihte er sich auch in der Profeß. In dieser Lokalisierung der Profeß als Dienst an einem lokalen Heiligtum fanden die spätantiken und frühmittelalterlichen Mönche, deren Vorfahren von einer nomadischen Unruhe um des Reiches Gottes willen umgetrieben worden waren, zu Stabilität und Seßhaftigkeit. In der ortsgebundenen Seßhaftigkeit wurde das frühmittelalterliche Kloster zu einem wichtigen Stabilitäts- und Ordnungsfaktor der Zeit. Es war damit auch eine angesehene gesellschaftliche Institution geworden, teilhabend an Macht und Herrschaft der Mächtigen. Sarabaiten und Gyrovagen waren in dem der »Welt« integrierten Kloster nicht mehr gefragt. Ihre Lebensweise wäre in dieser adeligen und auf Stabilität bedachten Gesellschaft deplaziert vorgekommen.

Die Rezeption der Benediktregel und die gesellschaftliche Integration der asketisch-monastischen Lebensweise müssen als die zwei Seiten eines zusammengehörenden Prozesses angesehen werden. Die karolingische Mönchsreform unter Benedikt von Aniane und Kaiser Ludwig dem Frommen sind als erster Höhepunkt dieser Entwicklung anzusehen. Im Schutze königlicher Freiheiten wurde das karolingische Großkloster zu einer Institution des Reiches und zum Träger einer hohen Kultur. Um seinen vielfältigen Aufgaben im Dienste des Reiches nachkommen zu können, wurde es mit großem Besitz ausgestattet. Zu den Einkünften aus Schenkungen privatrechtlicher Natur kamen noch die aus öffentlich-rechtlichen Aufgaben und

Steuern sowie aus der Nutzung von ausgeliehenem Reichs- oder Königsgut. Die Mönche als »Arme Christi« wurden also reich und hatten an der königlichen Herrschaft Anteil erlangt. Der herrschaftliche Zug prägte nicht nur die Beziehungen nach außen und zu den Untertanen auf den Gütern, sondern färbte auch nach innen ab. Der Abt wurde zum Herrn; sein geistliches Vorsteheramt zur Herrschaft. Auch fanden in diesen Herrschaftsklöstern nur noch Angehörige der herrschenden Schicht, also des Adels, Aufnahme.

Von den kultivierten und durch die Regel disziplinierten Königsklöstern des Reiches hob sich oft genug der zerrüttete Zustand in den Klöstern an den Rändern des Reiches oder außerhalb seines Bereiches unter der Herrschaft lokaler Adliger ab. Gegen das Willkürregiment und die rücksichtslose Ausbeutung des Klosters durch diese Herren regte sich Widerstand. Wo dieser religiös begründet war, ging es um die »monastische Freiheit«. Ohne Bedrückung und Heranziehung zu allen möglichen weltlichen Diensten der Klosterherren wollte man das asketisch-monastische Leben in Bindung an die Normen der Regel führen. Aus einem solchen religiös-monastischen Geist heraus entstand Cluny. In diesem Fall reichten sich Gründerabt und adeliger Stifter die Hand. Letzterer verzichtete auf seine eigenklösterlichen Rechte und garantierte der Mönchsgemeinde die »klösterliche Freiheit«. Dank glücklicher Umstände gelang das Experiment. Und da nichts so erfolgreich ist wie der Erfolg, wurde aus Cluny ein mächtiger Klosterverband, der stark genug war, gegenüber den Mächtigen die eigenen religiösen, kirchlichen, wirtschaftlichen und politischen Ziele zu vertreten.

Monastische Freiheit durch Weltflucht

Der Gedanke der monastischen Freiheit wirkte über Cluny hinaus und wurde für einige Zeit überhaupt zu einem Ideal der verschiedenen monastischen Richtungen. Aus dem Ideal wurden Forderungen entwickelt, die weit über die Gestalt hinausführten, die die monastische Freiheit im kluniazensischen Mönchtum fand. Ja, die monastischen Reformer stellten die Reform von Cluny wieder in Frage.

Cluny hatte seine monastische Freiheit. In diesem Freiraum erbaute es im wörtlichen und übertragenen Sinn sein Klosterreich mit Pracht und Macht aus. Eine klösterliche Eigenwelt; aber dennoch durch vielfältige Bande mit der Welt verbunden; von dieser Welt und für diese Welt! Für die Reformer ergab sich daraus: Die von Cluny erreichte rechtliche Unabhängigkeit garantierte und brachte nicht die geistig-geistliche Unabhängigkeit von der Welt. Man merkte bald, daß weniger rechtliche Abhängigkeiten als vielmehr die vom Besitz die Wurzel der Verweltlichung bildeten. In der Einstellung zum Klosterbesitz verhandelte das Mönchtum des endigenden 11. und beginnenden 12. Jahrhunderts ein Problem, das im Streit um die kirchliche Investitur das geistige und politische Europa tief bewegte. In dieser Auseinandersetzung ging es nur vordergründig um das Recht des Königs zur Vornahme der Einweisung von Bischöfen und Äbten in ihr geistliches Amt. In Wirklichkeit stand das Kirchengut zur Debatte. Denn der durch Zuweisung von Reichsgut vergrößerte kirchliche Besitz war mit öffentlichen Pflichten belastet. Der Dienst für den König und das Reich gehörte dazu. Darum waren die Reichsbischöfe als Diplomaten, Verwalter, königliche Berater und Statthalter, unter Umständen auch als Heerführer tätig. Die Reformer sahen in der Verquickung von weltlichen und geistlichen Aufgaben eine Verweltlichung des bischöflichen Amtes. Der Verweltlichung glaubte man dadurch steuern zu können, daß man für den gesamten Kirchenbesitz die »Freiheit der Kirche« forderte. Verfügung und Verwendung der »Produktionsmittel« also ausschließlich in kirchlichen Händen. Nur wenigen unter den Reformern dämmerte, daß mit einer bloßen Enteignung der königlichen »Anteile« am »Kirchengut« der Verweltlichung nicht abzuhelfen war. Man müsse vielmehr, so sagten sie, alles Kirchengut, das vom König übertragen wurde und mit Pflichten belastet war, diesem zurückgeben. Der verbleibende Rest genüge als materielle Basis für die geistlich-kirchlichen Aufgaben.

Solche Überlegungen bestimmten ganz entscheidend die zeitgenössischen Fragen nach der »monastischen Freiheit«. Da der Besitz zur Debatte stand, ging es also um die klösterliche Armut als Mittel zur Erlangung der monastischen Freiheit, um ungestört von der Welt dem armen Jesus nachzufolgen.

Diese Forderung scheint direkt zu Franziskus zu führen. Doch bis die franziskanische Armut eine asketisch-monastische Möglichkeit wurde, war noch ein weiter Weg abzuschreiten. Es verlohnt sich, den Windungen dieses Weges nachzugehen. Das reiche Besitzkloster wurde also kritisiert. In seinem großen monastischen Zubehör sah man die Quelle der Verweltlichung und das Hindernis, der monastisch-asketischen Berufung entschieden zu folgen. Unter monastischem Zubehör ist in diesem Zusammenhang jener umfangreiche Besitz zu verstehen, mit dem die vielfältigen Dienstleistungen für die Gesellschaft, die dem Kloster im Verlaufe der Zeit zugewachsen waren, erfüllt und finanziert werden sollten. Besitz und Dienstleistung führten jedoch zur Verwicklung mit dem weltlichen Getriebe. Das neue Kloster wollte davon frei sein. Also stieß das Reformmönchtum des endigenden 11. und beginnenden 12. Jahrhunderts viele Aufgaben ab. Nicht nur direkt weltliche Dienste, sondern auch solche der Sozialfürsorge, des Unterrichts und der Seelsorge. Was man von dem monastischen Zubehör noch behielt, sollte nur dem direkten Lebensunterhalt der Gemeinschaft dienen. Und dafür konnte man mit wenig Besitz auskommen. Zudem suchte man für das einfache und asketische Leben der Armut die Einöde auf. Der Auszug aus der Welt und die Trennung von ihr sollten wieder sichtbar zum Ausdruck gebracht werden. In der Abgeschiedenheit der unwirtlichen Berge und der im Wald verborgenen Täler suchte man im asketischen Leben die monastische Freiheit von der Welt zu verwirklichen.

Es war ein beeindruckender Aufbruch. Benediktinische Reformgruppen, unter denen die Zisterzienser am bekanntesten wurden, verwarfen mit dem monastischen Zubehör auch das ganze Rankenwerk der als »Gewohnheiten« kodifizierten Auslegungen und Ergänzungen zur Benediktregel. Nur der Buchstabe der Regel allein sollte gelten. In dem schöpferischen Rückgriff auf das alte Mönchtum erinnerte man sich auch wieder der eremitischen Lebensweise. Der Einsiedler, den es natürlich an den Rändern des organisierten und regulierten abendländischen Mönchtums immer noch gab und der besonders in Süditalien mit seinem vom Osten geprägten Mönchtum verbreitet blieb, wurde als Ideal wiederentdeckt. Mit den Kartäusern, Kamaldulensern und anderen Eremitengruppen fanden auf diese Weise die Sarabaiten wieder Aufnahme in die »gute Stube« des anerkannten Mönchtums. Das asketisch-eremitische Ideal übte eine derartig starke Anziehungskraft aus, daß sich auch Kleriker zusammentaten, um dieses apostelgleiche Leben in der Einsamkeit zu führen. Zuerst in den Canones der alten Kirche, dann in der Augustinusregel fand die Kanonikerbewegung, in der es allerdings neben der eremitischen auch noch die der Seelsorge und sozialen Aktion zugekehrte Tendenz gab, Texte, durch die sie ihre Verbindung mit der asketischmonastischen Tradition zum Ausdruck brachte.

Getragen wurde der monastische Aufbruch, der mit seinem reformerischen Elan überlieferte klösterliche Formen zerbrach und zu zahllosen Neubildungen führte, weithin von den Laien. Viele von ihnen wurden auch nach ihrer »Bekehrung« nicht Kleriker, sondern blieben »Laienbrüder«. Ein besonderes Gewand hob sie zwar von den Mönchen ab, doch vor allem von der Welt. So konnten sie auf

sich die von Petrus Damiani auf die Mönche ge-
münzten Worte beziehen: »Wie nämlich das Wort
›Mönch‹ schon auf ein besonderes Geheimnis der
Gottverbundenheit hinweist, so eignet auch dem
Mönchsgewand bereits eine Art sakramentaler
Kraft.« Es war die breite und weite Volkskreise erfassende religiöse Erweckungsbewegung, die zu
dem Institut der Laienbrüder führte. Nicht das alte
aristokratische Herrenkloster mit seinem großen
monastischen Zubehör brachte diesen Stand hervor, sondern die den monastischen Zubehör absto-
ßenden eremitischen Gemeinschaften der Reformbewegung. Nicht von den Herren oben wurden in
den Laienbrüdern neue und billige Arbeitskräfte
angeheuert, sondern der religiöse Aufbruch von
unten her führte dazu, daß Bekehrte und freiwillige
Büßer ins Kloster drängten. Bestätigt wird dieser
Zusammenhang durch die gleichzeitige religiöse
Frauenbewegung. Denn es kam in dieser Zeit auch
zur massenhaften Bekehrung von Frauen zum asketisch-monastischen Leben. In vielen der neu entstandenen Gemeinschaften gab es auch solche für
Frauen. Oft lebten diese in unmittelbarer Nähe des
Männerkonventes. In der Zukehr vieler Frauen
und Männer zum klösterlichen Leben wird man einen Ausdruck zu sehen haben für die verbreitete
Auffassung, daß zur ernsten Nachfolge Jesu die asketische Lebensweise gehöre.

Der asketisch-monastische Aufbruch ins 12. Jahrhundert hinein war von einem großartigen Elan getragen. Wenn man sich jedoch umsieht und erfährt, wer diese verschiedenen Gemeinschaften
förderte, wer ihnen den Grund und Boden des ge-

schrumpften monastischen Zubehörs zur Verfügung stellte, zeigte der Aufbruch neben dem religiösen auch noch ein soziales und politisches Gesicht. Es war wieder der Adel, der sich dieses Reformmönchtums annahm. Die Feststellung ist zu präzisieren. Bei dem Stifterkreis handelte es sich weithin um einen neuen Adel. Seit der Mitte des 11. Jahrhunderts bildete sich nämlich in einem langsamen sozialen Differenzierungsprozeß aus der Masse der in vielfältigen und gestuften Abhängigkeiten lebenden Untertanen ein neuer Dienstadel heraus. Energisch und zielstrebig arbeitete dieser am Aufbau eigener lokaler Macht und Herrschaft. Er ahmte in dieser Beziehung den alten eingesessenen Adel nach, der seine Bindungen zu König und Reich lockerte und seine eigene Familienpolitik betrieb. Auch dieser Adel trat jetzt wieder und in auffälliger Weise als Klosterstifter auf. Denn im religiösen Denken der Zeit mußte und sollte auch diese neue und sich langsam verselbständigende Herrschaft sanktioniert werden. Die Heiligung und Legitimierung geschah am besten durch ein eigenes Kloster. So wie der König für das Heil seiner Familie und seiner Herrschaft Reichsklöster hatte und förderte, so wollte auch der neue und sich aus den königlichen Bindungen lösende Adel seine Familienklöster haben. In den Klöstern der monastischen Reformbewegung fand er, was er suchte und was er sich auch finanziell leisten konnte. Denn die materiellen Ansprüche dieser »Armen Christi«, die in unerschlossenen und unkultivierten Landstrichen hausen wollten, waren bescheiden. Das neue Kloster ohne großen monastischen

Zubehör war also billiger geworden als in früheren Zeiten.

Zwischen den neuen monastischen Reformgemeinschaften und ihren Stifterfamilien bildete sich bald ein soziales Beziehungsgeflecht. Waren die Reformmönche in der Phase des Aufbruchs noch offen gegenüber Bekehrungswilligen aus den verschiedenen sozialen Schichten, so schlossen sie sich in dieser Beziehung bald nach unten hin ab. Am meisten fällt diese soziale Abschirmung bei den Frauenklöstern der Zeit auf; sie gilt indes auch von den Männerkonventen. Das von den verweltlichenden Zwängen der Königskirche befreite und mit dem neuen Adel verbundene Reformmönchtum des 12. Jahrhunderts trug die monastische Kultur, auf die in der Einleitung zu diesem Kapitel hingewiesen wurde. Die Verbindung mit dem Adel führte zu einer zunehmenden Verwurzelung in dem agrarischen und adeligen Milieu. Man machte sich die verschiedenen Anliegen des Adels zu eigen und wurde auch wieder ein »Herrschaftskloster«.

Auf diese Weise verlor die monastische Kultur für die neuen sozialen Schichten in den Städten viel an Überzeugungskraft. Die religiöse Bußbewegung, die inzwischen auch Angehörige der städtischen Schichten erfaßt hatte, erkannte im kultivierten Asketismus der Zisterzienser, Prämonstratenser und anderer Reformorden immer weniger das eigene Anliegen: im Leben der Buße Jesus nachzufolgen. Die tradierten Formen des Klosters kamen also für die im Umkreis der Städte lebende asketische Bußbewegung als »alternatives Leben« kaum mehr in

Frage. In ihren Augen war das klösterliche Leben zu einer Sache der frommen Welt geworden. Franziskus dürfte ganz entschieden dieser Auffassung gewesen sein.

Asketische Freiheit und Stadt

Glanz und Elend der Geschichte des früh- und hochmittelalterlichen Mönchtums hingen zusammen mit der Zuordnung zu den jeweils herrschenden und tonangebenden Schichten, die das asketisch-monastische Anliegen den eigenen Bedürfnissen dienstbar zu machen und ihrer Welt einzugliedern verstanden. Dieser gegenseitige Bezug kann als Gesetzmäßigkeit formuliert werden. Die führende Rolle in der monastischen Geschichte im 13. Jahrhundert kam den Bettelorden zu. Ihr gesellschaftliches Gegenüber war weder der König noch der ländliche Adel, sondern die städtische Bürgerschaft. Stadt und Bettelorden gehörten im 13. und 14. Jahrhundert zusammen. Es ist nicht anzunehmen, daß für diese Epoche der monastischen Geschichte, der man die Überschrift »Das mittelalterliche Stadtkloster« geben könnte, die erwähnte Gesetzmäßigkeit keine Geltung mehr gehabt hätte. Auch in diesem Falle gilt: Durch die Förderung der Stadt wurden die Bettelorden zu einer anerkannten und einflußreichen Institution der städtischen Gesellschaft. Am Anfang der Verstädterung des monastischen Gedankens stand wie beim Reformmönchtum des endigenden 11. und beginnenden 12. Jahrhunderts die entschiedene Abkehr von der »Welt« um der Freiheit des Evangeliums willen. In der Verpuppung des asketischen Evangelismus artikulierte man hier wie dort die Unzufriedenheit mit der Verweltlichung, holte zur Kritik am Bestehenden aus und stellte von neuem das Programm des »evangelischen Lebens« auf. Hier wie dort waren es die gewandelten sozialen und wirtschaftlichen Gegebenheiten, die eine Neuinterpretation des »Lebens des Evangeliums« möglich und nötig machten. Der dadurch zunächst freigesetzte asketische Elan wurde jedoch auch im Falle der asketisch-monastischen Bewegung des beginnenden 13. Jahrhunderts in der Gestalt der Bettelorden den Bedürfnissen der neuen Umwelt dienstbar gemacht. Unter diesem Gesichtspunkt ist nun auf die asketische Bußbewegung des 12. Jahrhunderts einzugehen. Der Blick richtet sich dabei auf jene Elemente, die als konstitutive Merkmale in die Verfassung und Mentalität der Bettelorden eingebracht wurden.

Ortsunabhängiger Personenverband

Zusammenschlüsse von Klöstern zu Verbänden gab es in der monastischen Geschichte des Abendlandes seit der Spätantike öfters. Doch die lokalen Traditionen und Bedürfnisse des orts- und besitzgebundenen Hausklosters erwiesen sich meistens als stärker als die des Verbandes. Erst die Abstoßung des gesamten monastischen Zubehörs führte in dieser Beziehung zu einem Erfolg. Die wichtigste Voraussetzung für die neue Verbandsform war also die gemeinsame Armut: die Gemeinschaft ohne Besitz und feste Einkünfte.

Freiwillige Armut gehörte immer zu den auszeichnenden Merkmalen der asketischen Nachfolge Jesu. Die Mönche verstanden sich als die Armen Christi. Für das seit der Spätantike regulierte und in eine agrarische Wirtschafts- und Lebensordnung eingewurzelte Mönchtum war ein Mindestmaß an Besitz unumgänglich. Aus Gründen der Instrumentalisierung für die gesellschaftlichen und herrschaftlichen Bedürfnisse der Zeit wurde aus diesem ursprünglich bescheidenen Besitz oft ein umfangreicher monastischer Zubehör. Erst mit der seit der Mitte des 11. Jahrhunderts einsetzenden sozialen und wirtschaftlichen Mobilität konnte es zu einer Minderung des monastischen Zubehörs kommen. Seit dem 12. Jahrhundert gab es einzelne asketische Experimentiergruppen, die aus dem religiösen und asketischen Eifer heraus überhaupt ohne monastischen Zubehör auszukommen versuchten. Solange sie jedoch die Stadt mieden und die Einsamkeit der Berge und Wälder aufsuchten, wurden sie über kurz oder lang wieder seßhaft. Die Asketengemeinschaft ließ sich in einem Kloster mit bescheidenem Besitz nieder. Die Sachzwänge agrarischer Bedingungen waren stärker als das Ideal asketischer Freiheit durch »vollkommene Armut«.

Ohne Besitz und feste Einkünfte zu leben wurde erst im Umfeld der Städte möglich. Arbeitsteilige Produktionsformen ermöglichten Lohnarbeit. Die Asketen konnten sich zur Arbeit verdingen. Mit der das städtische Leben auszeichnenden größeren Freizügigkeit des einzelnen Bürgers und der damit verbundenen relativen Wohlhabenheit breiterer Schichten gab es auch mehr Almosen. Die zum asketischen Leben Bekehrten konnten also ihren Lebensunterhalt erbetteln, wenn sie unter den Menschen in den Städten blieben. Diese durch die neuen wirtschaftlichen Gegebenheiten ermöglichte Existenzsicherung wurde natürlich gegen den zu erwartenden Widerspruch durch die Berufung auf das Evangelium abgesichert.

Zudem gab es für den bettelnden Asketen und Mönch auch schon anerkannte und organisierte Vorformen. Dafür ist vor allem auf die im 12. Jahrhundert entstandenen verschiedenen Spitalsgemeinschaften hinzuweisen. Diese schickten Kollektoren übers Land, die um Almosen für die Kranken bettelten. Auch an die zahlreichen Ablaßprediger für die Kreuzzüge und andere Unternehmen ist dabei zu denken. Als dann die Minderbrüder und Predigerbrüder bettelnd durch das Land zogen, war diese Praxis keine unerhörte Neuerung mehr. Die Bevölkerung hatte sich an bettelnde Mönche gewöhnt. Auch für die Römische Kurie war diese Art des Lebensunterhaltes nicht mehr neuartig. Sie hatte durch die Förderung der Kollektoren für die Bedürfnisse der Spitäler und anderer sozialer, karitativer Tätigkeiten den Weg dafür geebnet.

Die Sicherung des Lebensunterhaltes durch Arbeit und Bettel machte frei von den Bindungen an Besitz und feste Einkünfte. Das Kloster alten Stils, in dem der asketisch-monastische Gedanke sich domestiziert hatte, wurde überflüssig. Mit der Abstoßung des letzten Restes von monastischem Zubehör blieb vom Kloster nur noch der Konvent als Gemeinschaft übrig, deren »Kloster« an dem vom weltlichen Leben abgehobenen asketischen Lebensstil zu erkennen war. Die besitzlose Gemeinschaft nahm ihr Kloster gleichsam mit auf den Weg. Dort, wo man sich gerade aufhielt, wurde es als Provisorium errichtet. Nicht mehr das Kloster war wichtig, sondern die Kommunität. Zur Armut trat als neues Merkmal die Mobilität. In dem asketischen Wanderer wurde der einst denunzierte Gyrovage rehabilitiert. Für seine asketisch-monastische Resozialisierung berief man sich natürlich ebenfalls aufs Evangelium. Das vom eremitischen Asketismus verdeckte Bild des Wanderapostels wurde freigelegt und mit der apostolischen Predigt verbunden. Von der pastoralen Funktion der Besitzlosigkeit ist ausführlicher im nächsten Abschnitt zu sprechen (vgl. unten S. 207). An dieser Stelle ist die Auswirkung auf die Verbandsform weiter zu bedenken. Denn in der durch die Lande ziehenden Kommunität zeichnete sich in Umrissen der ortsunabhängige Personenverband ab, der in organisatorischer Hinsicht zu einem auszeichnenden Merkmal der Predigerbrüder und Minderbrüder wurde.

Auch dafür gab es Vorformen, auf die im Zusammenhang mit der Frage nach dem kanonischen Titel schon hingewiesen wurde (siehe oben S. 130). In diesen Gemeinschaften war die Zugehörigkeit zum Gesamtverband (ordo) das Erste, die Tätigkeit in einer der verschiedenen Niederlassungen (domus) das Abgeleitete. Der Zusammenhalt eines solchen Verbandes, dessen Mitglieder in der Zerstreuung lebten, bedurfte allerdings neuer Verfassungselemente. Die zeitgenössische Korporation stellte diese zur Verfügung. In diesen Schwurverbänden gab es eine Verfassung, auf die jeder Genosse den Eid ablegte. Die Verfassung also und nicht mehr das Hauskloster wurde zum Band, das alles umschloß. Die Verfassung sah die grundsätzliche Gleichheit aller Verbandsgenossen vor. Aus der Gleichheit ergab sich ein Pathos der Brüderlichkeit. Der Fraternalismus der sich bildenden monastischen ortsunabhängigen Personenverbände hatte seine Grundlage in dem genossenschaftlichen Konstitutionalismus, der auch zu einem Wandel im Amtsverständnis führte. Die Oberen wurden zu den von der Gesamtheit bestellten Mandataren gemeinsamer Interessen und Aufgaben. Als Administratoren, Rektoren und Minister (Diener) waren sie der Gemeinschaft verpflichtet. Ihre Autorität konnte sich nur auf die von den Brüdern anerkannten religiösen und geistigen Führungsqualitäten berufen und nicht auf eine Weihe, durch die sie sich als Stellvertreter Christi hätten wissen können. Erst recht nicht konnten sie sich auf ein Sondervermögen stützen, das in den Klöstern alten Stils aus dem gemeinsamen Besitz oft für den Abt ausgeschieden worden war. In der gemeinsamen Armut war also für die »Herrschaft der Äbte und geistlichen Väter« kein Platz mehr. Mit anderen Augen konnte jetzt das Evangelium vom Herrn als Diener aller gelesen werden.

Die Einwirkungen der neuen wirtschaftlichen und sozialen Gegebenheiten auf die asketisch-monastische Bewegung waren so stark, daß man die Unterschiede in der äußeren Gestalt der neuen Gruppen umdeutete zu solchen des substantiellen Gehaltes der Nachfolge Jesu. So schlug sich die wachsende

Distanzierung auch nieder in der Ablehnung der überlieferten monastischen Regeln. Man half sich damit, daß man die Regel mehr und mehr zu einem bloßen Titel- und Grunddokument entwertete und in eigens verfaßten Konstitutionen die Lebensweise festlegte (vgl. dazu oben S. 122). Neben diesem »Konstitutionalismus«, dem im 13. Jahrhundert die Zukunft gehören sollte, gab es einen »Evangelismus«, der die überlieferte Regel überhaupt beiseite ließ und im Evangelium nach Sätzen für eine Lebensformel (formula vitae) oder einen Vorsatz (propositum) suchte. Ein solches Grunddokument galt als Richtlinie für das »Leben des Evangeliums«. So soll schon Stephan von Muret († 1124), einer der frühen Vertreter der apostolischen Wanderprediger, seine Brüder angewiesen haben, jedem, der es wissen wollte, zu antworten, sie gehörten zum »Orden des Evangeliums«. Auch ist von ihm der Satz überliefert, daß das vom Erlöser den Aposteln übergebene Evangelium als erste und wichtigste Regel aller Regeln zu gelten habe.

Die Auflösung des monastischen Zubehörs führte also auch zur Zersetzung der überlieferten Regeln. In ihrem geronnenen Zustand waren sie für die neuen Bedürfnisse nicht zu gebrauchen und überflüssig geworden. Mit der »Regel des Evangeliums« wurden sie wieder flüssig gemacht.

Apostolisches Leben und Predigt

Das Ideal vom apostelgleichen Leben spielte im asketisch-monastischen Selbstverständnis eine wichtige Rolle. Dem Inhalt nach wurde es jedoch verschieden gedeutet. In dem Bedeutungswandel spiegelt sich der je verschiedene soziale Kontext der asketisch-monastischen Bewegung. So wurde das asketisch-kultische Apostelideal des etablierten und integrierten hochmittelalterlichen Mönchtums abgelöst von dem asketisch-eremitischen im reformerischen Aufbruch seit dem endigenden 11. Jahrhundert. Zu diesem traten bald zwei weitere Varianten: das asketisch-soziale und das asketisch-pastorale Apostelideal. Mit dem asketisch-eremitischen Ideal sollte die Freiheit des monastischen Lebens von den verweltlichenden Zwängen ausgedrückt werden. In den beiden zuletzt genannten Deutungen ging es nicht nur um Abkehr, sondern auch um Zukehr zu den Menschen. Die Verantwortung für die Menschen um des Himmelreiches willen wurde in dem neuen apostolischen Ideal ausgedrückt. Wieder waren es die Bedürfnisse der Gesellschaft, die zur Abwandlung des apostolischen Ideals und zu neuen organisierten Formen des asketischen Lebens führten. Es handelte sich dabei insgesamt gesehen um den Abschluß eines Prozesses, in dessen Verlauf die verschiedenen Dienste des sich zersetzenden Großklosters auf neue Gruppen übertragen und auf diese Weise den Bedürfnissen der inzwischen neu entstandenen Gesellschaftsschichten dienstbar gemacht wurden.

In der Entwicklung kam den Spitalsorden eine wichtige Rolle zu. Die Blüte dieser Gemeinschaften im 12. Jahrhundert hatte einerseits die gesteigerten Bedürfnisse der Gesellschaft und andererseits den Rückzug des Reformmönchtums aus der Krankenbetreuung zur Voraussetzung. Die Spitalsbrüder beerbten also in der Stadt die klösterliche Sozialfürsorge der Vergangenheit. Der Ordenszweck prägte auch die Spiritualität, die von einer Zukehr zu den Menschen gezeichnet war. Das apostelgleiche Leben wurde asketisch-sozial gedeutet. Bezeichnend dafür ist die Profeßformel des Spitalordens vom Heiligen Geist: »Ich übergebe mich Gott, der seligsten Jungfrau Maria und dem Heiligen Geist sowie unseren Herren, den Kranken!« Der Gottesdienst, dem alle monastische Profeß galt, wurde also ausgeweitet und zum Dienst an den Kranken.

Neben Spitalsgruppen entstanden andere und weithin von Laien getragene Gemeinschaften, die ihre asketische Lebensweise mit einer besonderen sozialen Aufgabe verbanden. Diese Dienste rückten so sehr in den Vorgrund, daß darüber der alte Dienst an einer Kirche, dem man sich in der monastischen oder kanonikalen Profeß weihte, verblaßte. Mit anderen Worten: Der asketisch-kultische Dienst an der ortsgebundenen Kirche wich dem asketisch-sozialen Dienst der verschiedenen Gemeinschaften, die sich zu ortsunabhängigen Personenverbänden entwickelten. Selbst das Militärwesen wurde von der Arbeitsteilung im Dienst der Christenheit erfaßt. In den Ritterorden des 12. Jahrhunderts fand sie institutionalisierten Ausdruck. Die mit diesen Hinweisen angedeutete Spezialisierung ist zum einen als Ausfächerung der verschiedenen sozialen Aufgaben des alten Großklosters und zum anderen als Ergebnis der weite Laienkreise erfassenden asketisch-monastischen Bewegung zu verstehen. Träger und Institutionen änderten sich, die

Dienste für die Gesellschaft blieben die gleichen. Dem Asketismus wurde gewissermaßen keine Gelegenheit gelassen, seine weltflüchtigen Tendenzen auszuleben. Was die einen um ihres weltflüchtigen Ideals willen an »Welt« aufgaben, umfingen andere aus dem gleichen asketischen Ruf zur Nachfolge Jesu als gottgefällige Aufgabe.

Die sich speziellen Aufgaben widmende Zukehr zu den Menschen um Gottes willen ist ein wichtiges Phänomen der asketischen Bewegung des 12. Jahrhunderts. So wie die Dinge lagen, konnte es nicht ausbleiben, daß sie auch die Seelsorge erfaßte und sich im asketisch-pastoralen Apostelideal ausdrückte.

An sich kam der nach der Benediktregel lebende Mönch für die Seelsorge nicht in Frage. Von Anfang an wollte die monastische Gemeinde ihre Nachfolge Christi neben der Kirchengemeinde leben. Doch gab es seit langem fließende Übergänge zwischen Kleriker und Mönch. Zudem war die abendländische Geschichte geprägt von der allmählichen Klerikalisierung des Mönchtums und der asketisch-monastischen Vertiefung des Seelsorgeklerus. Das Institut der sich in verschiedene Gruppen ausfaltenden Kanoniker ist als wichtiges Ergebnis dieser Beeinflussung anzusehen. Verschiedene Richtungen der Kanoniker jedoch wurden im 11. und 12. Jahrhundert von der asketisch-weltflüchtigen Bewegung geprägt. Mit der damit verbundenen eremitischen Lebensweise war vielfach auch der Verzicht auf die direkte Seelsorge verbunden. Dadurch wurde jedoch der Welt- und Seelsorgeklerus seiner besten geistigen Kräfte beraubt. Was übrigblieb, war ein tradierten Vorstellungen höriger Klerus, dessen Bildung und geistlich-moralisches Niveau viel zu wünschen übrig ließen. Seine »weltliche Lebensweise« war für die vom asketischen Ideal erfaßten und um religiöse Vertiefung bemühten Laienschichten ein Skandal. Verbreitet war in ihren Kreisen die Meinung, die priesterliche Heilsvermittlung durch Sakramente, Segnungen und Gebete reiche nicht hin, ja sei wertlos, wenn nicht die priesterliche Handlung durch die Würdigkeit des Lebens unter Beweis gestellt werde. Man verlangte also neben der apostolischen Amtsnachfolge auch die apostolische Lebensweise. Diese deutete man im Banne des monastisch-asketischen Ideals. Doch jetzt begnügte man sich nicht mehr mit der Forderung nach Ehelosigkeit und Verzicht auf Privateigentum, wie das für die Kanonikerbewegung an der Wende vom 11. zum 12. Jahrhundert gegolten hatte, sondern sah darüber hinaus im besitzlosen Wanderprediger das Ideal der apostolischen Lebensweise erfüllt. Im asketisch-pastoralen Apostelleben wurde die Predigt wichtig. Das verstand sich für eine Erweckungsbewegung, in der die asketische Lebensweise im Mittelpunkt stand, von selbst. Die auf bloße sakramentale Heilsvermittlung ausgerichtete Seelsorge war dafür wenig brauchbar; alles kam vielmehr auf die Unterweisung durch das Wort der Predigt und das Beispiel des eigenen Lebens an. Die Bekehrung vieler Menschen zur Buße wurde zum Hauptziel des asketisch-pastoralen Ideals. Die begrenzende und einengende Bindung an die Pfarrkirche kam für diese Prediger natürlich nicht mehr in Frage. Vielmehr glaubten sie, wie die Apostel durch Städte und Dörfer ziehen und Bekehrung predigen zu müssen. Gleichsam als Volksmissionare wollten die neuen Apostel unterwegs sein, um überall Erweckungszirkel zu gründen.

Viele der zahlreichen Bußbruderschaften seit der zweiten Hälfte des 12. Jahrhunderts mit einer Lebensweise zwischen Kloster und Welt waren auf das asketisch-pastorale Apostelideal ausgerichtet. Seine Faszination war so groß, daß es sich verschiedenenorts zur neben- oder gar gegenkirchlichen Lebensweise verfestigte und zur Häresie wurde. Seit der zweiten Hälfte des 12. Jahrhunderts kannte denn auch die abendländische Christenheit die Häresie als ein Phänomen, das hie und da Züge einer Massenbewegung anzunehmen schien. Wegen des Zusammenhanges zwischen dem asketisch-pastoralen Apostelideal und den Bettelorden ist darauf kurz einzugehen.

Nicht nur die ältere Forschung vermittelt zuweilen den Eindruck, das christliche Europa an der Wende zum 13. Jahrhundert sei im Begriff gewesen, sich von der päpstlichen Priesterkirche loszusagen. Erst Dominikus und Franziskus hätten mit ihren Orden der Emanzipation Einhalt geboten und einer neuen Symbiose von Priesterkirche und »biblischer Religiosität« die Wege geebnet. Insbesondere wird dem heiligen Franziskus eine solche Wirkung zugewiesen. So schrieb 1894 Paul Sabatier: Der Poverello rettete damals die Christenheit; ohne ihn wären die Katharer Sieger geblieben.

Den Katharern wird man indes am wenigsten eine solche Chance einräumen können. Die überzeugten Katharer – nach der südfranzösischen Stadt Albi auch Albigenser genannt – hingen einem rigorosen Dualismus an. Nach dieser uralten und in Konventikeln gehüteten Lehre, die im 12. Jahrhundert vom Osten her ins Abendland eindrang, war die geschaffene Welt ein Übel; alle ethische Anstrengung hatte zum Ziel, dieser bösen Welt abzusterben. Die »vollkommenen« Katharer steigerten ihren Asketismus denn auch bis zur Destruktion. Sie hungerten sich unter Umständen zu Tode. Der Asketismus einer »weltlosen Haltung«, die Reliquienverehrung, Heiligenkult und sakramentale Frömmigkeit als Abfall des reinen Geistes in die Materie deutete und im Namen einer entweltlichenden Christologie verwarf, kam in ihrer Wirkung voll zur Geltung. Mit einem derartig weltfeindlichen Ethos war jedoch auf Dauer kein »Staat«, wohl aber vorübergehender Eindruck zu machen. Aus zweierlei Gründen. Der erste hängt mit dem verbreiteten Asketismus der Zeit zusammen, den man als Einwirkung der monastischen Bewegung auf breite Laienkreise zu verstehen hat. Der monastische Asketismus stand immer in Gefahr, das »heilige Leben« als ethische Anstrengung zu definieren. Wenn es aber nur auf die ethischasketische Lebensweise und nicht auch auf sakramental-kultische Heiligung ankommt, dann war die Lebensweise der vollkommenen Katharer der Gipfel des ethischen Asketismus. Auf Erweckte, die mit der bloßen sakramental-kultischen Heilsvermittlung durch die Priester unzufrieden waren, konnte eine solche Lebensweise Eindruck machen. Zudem darf man nicht vergessen, daß auch in der auf Heilsvermittlung ausgerichteten mittelalterlichen Volksreligiosität neben der kultisch-sakramentalen Heilsvermittlung der heilige Asket als fürbittender und stellvertretender Mittler seine Anziehungskraft nicht eingebüßt hatte. Für die »rechte Lehre« interessierte man sich zudem weit weniger als für die rechte Lebensweise. So war es gerade der verbreitete Asketismus, der das Wasser auf die Mühlen der Katharer leitete. Aus Ergriffenheit für den Asketismus, den man in der etablierten Hierarchie vermißte, konnte man also Katharer werden oder deren Zirkel fördern, die übrigens dort, wo aus politischen oder sozialen Gründen ein aggressiver Antiklerikalismus vorherrschte, besondere Verbreitung gefunden hatten.

Damit ist der zweite Grund berührt. Den richtigen Bezug zu den sich bildenden neuen gesellschaftlichen Schichten hatten die monastischen und klerikalen Institutionen noch nicht gefunden. Vielfach waren diese trotz aller Aufbrüche und Umformungen immer noch Instrumente der »Herrschenden« geblieben oder dabei, es wieder zu werden. All jene jedoch, die durch dieses Macht- und Interessengeflecht sich in ihren Belangen benachteiligt wußten, konnten aus politischer Berechnung zur vorübergehenden wohlwollenden Duldung oder Förderung der Katharer schreiten.

Anders verhielt es sich mit den Waldensern, jener von dem bekehrten Lyoner Kaufmann Waldes 1177 gegründeten apostolischen Wanderpredigergemeinschaft. Bei ihr hat man es mit einer Konkretisierung des asketisch-pastoralen Apostelideals zu tun. Bezüge zum Ordenskonzept des Dominikus und zur evangelischen Lebensweise des Franziskus tun sich bei einem Vergleich allenthalben auf. So könnte man versucht sein anzunehmen, mit den Dominikanern und Franziskanern seien in verkirchlichter Form die Waldenser wiedergekehrt. Eine solche Auffassung ist verbreitet. Dabei sieht man in Dominikus den Ordensgründer, der von vornherein und geplant die waldensische Lebensweise in seine Predigergemeinschaft eingebracht habe, in Franziskus und seiner Bruderschaft dagegen eine evangelische Bruderschaft, die erst auf den Druck der Römischen Kurie hin in den Dienst der päpstlich-priesterlichen Sache hineingezwungen worden sei.

Doch eine solche Auffassung arbeitet mit zwei Voraussetzungen. Die erste besteht in der Meinung, der »Evangelismus« der apostolischen Lebensweise verdanke sich einem schöpferischen und historisch unvermittelten Rückgriff auf das Evangelium. In bezug auf Franziskus stützt sich diese Auffassung auf die Worte im *Testament*: »Und nachdem mir der Herr Brüder gegeben hat, zeigte mir niemand, was ich zu tun hätte, sondern der Höchste selbst hat mir offenbart, daß ich nach der Vorschrift des heiligen Evangeliums leben sollte« (Testament 14). Die Bedingung für die neue Deutung des Evangeliums wird dabei unterschlagen. Die zweite und mit der ersten zusammenhängende Voraussetzung liegt in der geflissentlichen Ausklammerung der seit dem endigenden 11. Jahrhundert zu bemerkenden Zersetzung und Neuformung der asketisch-monastischen Gemeinschaften, die zur Bildung von besitzlosen und ortsunabhängigen Personenverbänden tendierten, im Verlaufe des 12. Jahrhunderts jedoch gleichsam auf halbem Wege dorthin noch steckenblieben.

Bei dem Umformungsprozeß stand die Römische Kurie nicht einfach im Abseits, um dann urplötzlich mit den neuartigen Forderungen eines Franziskus und Dominikus konfrontiert zu werden. Die Entwicklung wurde vielfach von der Kurie gefördert; in dem einen und anderen Fall wohl sogar initiiert. Zu erinnern ist an das Institut der Kollektoren, das für die Lebenssicherung durch Bettel keine unwichtige Rolle spielte, oder an die Förderung hausübergreifender Personenverbände.

Ähnlich verhielt es sich mit der Predigt, die zum asketisch-pastoralen Apostelideal gehörte. Vom altkirchlichen Gemeindeverständnis her war der Bischof der berufene Prediger seiner Gemeinde. Die Bischöfe als Lehrer ihrer Kirchen bildeten den Stand der Prediger. Alle anderen Prediger waren von ihnen zur Predigt bevollmächtigt. Schon längst aber hatte sich über die bischöfliche Teilzuständigkeit die Gesamtzuständigkeit des Papstes geschoben. Als Bischof der Stadt Rom und des Erdkreises gab er Vollmacht zur Predigt im Dienst gesamtkirchlicher Interessen und Aufgaben. Nur fehlten für diese Unternehmen die geeigneten Prediger. Man mußte auf Mönche, Kanoniker und Weltpriester zurückgreifen, die einem Ortskloster oder einer Ortskirche verpflichtet waren. Immerhin wurde durch die im päpstlichen Auftrag durch die Lande ziehenden Prediger die bischöfliche Alleinzuständigkeit für die Predigt durchbrochen.

Es war die päpstliche Praxis, die den Konservativismus und Lokalismus bischöflicher Alleinzuständigkeit für die Predigt ins Wanken brachte. Vom rechtlich-organisatorischen Gesichtspunkt her gesehen kann man sagen, daß der Papst als »apostolischer Herr« dem Ideal der apostolischen Wanderprediger mit ihrer Forderung, überall auf Erden predigen zu dürfen, nahestand bzw. sich nähern konnte. Im Blick auf das päpstliche Kirchenverständnis sieht man sich darum gezwungen zu betonen, daß sich die Bildung eines ortsunabhängigen und vom Papst mit der Predigt beauftragten Personenverbandes geradezu aufdrängte. Die unkomplizierte Anerkennung der Gemeinschaft des heiligen Dominikus als Predigerorden neben dem bischöflichen Predigerstand im kirchlichen Seelsorgegefüge bestätigt eindrucksvoll diesen Zusammenhang.

Klerikalisierung der apostolischen Wanderprediger

Das Ideal der apostolischen Wanderpredigt bereitete der Römischen Kurie an sich keine besonderen Schwierigkeiten. Damit mochten unter Umständen die Bischöfe ihren Ärger haben. Das Problem lag jedoch in der Forderung auf das Recht zum Predigen, das bekehrte Laien erhoben. Denn in der im Lauf des 12. Jahrhunderts durch und durch klerikalisierten Kirche kam die Laienpredigt nicht mehr in Frage. Das hatte in den achtziger Jahren des 12. Jahrhunderts Waldes in die Häresie getrieben. Verdichtet man nun die Predigtforderung der zur apostolischen Lebensweise bekehrten Laien zu einer Beauftragung durch Gottes Wort selber – wie das gelegentlich in der Forschung geschieht –, hat man die Sache auf die prinzipielle Ebene gehoben, auf der sich Gehorsam gegen Gottes Wort und kirchliches Gesetz unversöhnlich gegenüberstehen. Der Bruch ist im Rahmen einer solchen Konstruktion unausweichlich.

In der Geschichte jedoch hat man es weniger mit Prinzipien als mit Kompromissen zu tun. Diese sind nicht einfach als Verrat am Prinzip zu qualifizieren, sondern als Ergebnis sich kreuzender und vielschichtiger Bedürfnisse zu werten. Auch wird es gut sein, bei diesen Überlegungen eher sach- als personenbezogen vorzugehen. Denn zum einen bleibt es immer ein schwieriges Unterfangen, die Überzeugung und das Sendungsbewußtsein der handelnden Personen mit all ihren Schattierungen zu erfassen, und zum anderen hängt die historische Bedeutung der handelnden Personen entscheidend ab von ihrer Fähigkeit, sachgerecht auf die Tendenzen der Zeit zu reagieren.

Im Hinblick auf den Gegensatz von Predigtauftrag durch die apostolische Lebensweise und Predigtauftrag durch die kirchliche Sendung sind darum folgende Gedanken zu berücksichtigen. Erstens ist im Auge zu behalten der von den gesellschaftlichen Umschichtungen her ermöglichte und durch die Römische Kurie in seiner Entwicklung nicht gehemmte Prozeß, der zur Zersetzung und Neuformung des asketisch-monastischen Ideals bis hin zur apostolischen Lebensweise der armen Wanderprediger führte. Zweitens ist nicht zu vergessen, daß es der kirchlichen Hierarchie, insgesamt gesehen, nicht einfach um Beharrung und Konservativismus ging, sondern auch um Vertiefung des religiösen Lebens in den breiten Volksschichten. Je energischer und ernster sie sich an diese Aufgaben machte, desto mehr mußte sie einsehen, daß sie für ein so umfassendes Programm, dem man sich auf dem Vierten Laterankonzil (1215) ausdrücklich verschrieben hatte, gar nicht anders konnte, als die geistig-religiösen Kräfte der asketisch-monastischen Bewegung mit ihrem Ideal des apostolischen Lebens zu fördern. Der in dieser Lebensweise wiederentdeckte bzw. aus seiner Verschüttung befreite Gyrovage mußte also Anerkennung finden. Drittens ist vor allem zu bedenken, daß in breiten Kreisen der städtischen Bevölkerung der Antiklerikalismus keine Sache des religiösen Grundsatzes, sondern der politischen Herrschaft war. Es ging gar nicht um eine neue »Vergewisserung« des ewigen Heils durch das »Wort«, sondern bloß um eine neue Form der tradierten Heilsvermittlung durch den Priester und Asketen. Glaubwürdig war diese Vermittlung, wo sie herrschaftslos auftrat: vorgetragen und vorgelebt durch eine asketisch lebende Gemeinschaft ohne Besitz und feste Einkünfte; also ohne jeden monastischen Zubehör. Die in ihrer Besitzlosigkeit zu keiner klerikalen Herrschaft fähige klösterliche Niederlassung war darum die den religiös-geistigen und kirchlich-politischen Interessen der Stadt des 13. Jahrhunderts angemessene kirchliche Institution. In die Hände dieser armen und frommen Asketen, die zudem aus der überlieferten Frömmigkeit lebten und deren tiefen Gehalt anschaulich zu vermitteln verstanden, statt wie die Häretiker das Gewohnte samt und sonders zu verdammen, wollte man die Seelsorge gelegt wissen; wenigstens die außerordentliche Seelsorge durch Predigt und Beichte, auf die ja auch das Laterankonzil so großen Wert legte.

Weder waldensisch noch gar albigensisch und auch nicht einfach evangelisch-apostolisch wollte die städtische Gesellschaft als Ganzes werden. Die Ziele waren nicht so hoch gesteckt. Es ging um Näherliegendes: um die städtische Seelsorge. Dafür standen in den älteren Städten bereits viele Kirchen und Kapellen zur Verfügung. Doch diese waren in den meisten Fällen Klöstern, Kanonien und anderen kirchlichen Institutionen eingegliedert. In städtischen Neugründungen mußte man sich vielfach mit der »Kirche überm Feld« begnügen. Wie schon gesagt, waren die kirchlichen Institutionen, die über die Seelsorgekirchen verfügten, trotz verschiedener reformerischer Aufbrüche seit der zweiten Hälfte des 12. Jahrhunderts wieder fest dem Geflecht der adeligen Kirche eingebunden. So ergaben sich aus dieser Zuordnung Spannungen zu den Interessen der auf Freiheit und Selbstverwaltung bedachten städtisch-bürgerlichen Korporationen. Denn anders als im 14. und 15. Jahrhundert, wo die meisten größeren Städte ihre eigene Pfarrkirche besaßen und diese mit der erreichten Verfügungsgewalt sich »eingemeindet« hatten, war im 12. und 13. Jahrhundert der städtischen Bürgerschaft ein Zugriff auf die Pfarrkiche noch verwehrt.

Überspitzt kann im Blick auf diese rechtlich-organisatorischen Verhältnisse gesagt werden, daß im 13. Jahrhundert die Pfarrkirchen ein Fremdkörper in der Stadt waren. Rechtliche Verfassung und Organisation stammten noch aus der Zeit vor der Stadtbewegung. Solange die Pfarrkirchen nicht städtische Institutionen wurden, war auch nicht zu erwarten, daß diese Kirchen, an denen Geistliche tätig waren, die fremden Herren dienten, zu Zentren der religiös-seelsorgerlichen Aktivitäten des städtischen Lebens werden würden. Der »Fremdkörper« Pfarrkirche sollte, wenn er schon nicht »eingemeindet« werden konnte, doch wenigstens geschwächt werden. Der fromme asketische Laienprediger kam jedoch auf Dauer dafür nicht in Frage. Die kultische und sakramentale Frömmigkeit brauchte den Priester. Der apostolische laikale Wanderprediger mußte also, wollte er in die Breite wirken, sich zum Priester weihen lassen. Von diesem asketisch lebenden Kleriker verlangte man auch Bildung und methodische Schulung. Im Blick auf diese im Verlauf der ersten Jahrzehnte des 13. Jahrhunderts sich schon klar abzeichnende Tendenz muß man sagen, daß von den verschiedenen apostolischen Buß- und Wanderpredigergemeinschaften auf Dauer nur jene Gruppen der gesellschaftlichen Unterstützung sicher sein konnten, die sich der Klerikalisierung nicht verschlossen.

Die Ausbreitung der Minderen Brüder geriet ziemlich früh in den Sog dieser Interessen, die die Klerikalisierung vorantrieben und die franziskanische Bruderschaft zum Orden der Minderen Brüder umformten. So zeichnete sich bereits zu Beginn der zwanziger Jahre ab, was um die Mitte des 13. Jahrhunderts jedermann vor Augen trat: Als Bettelorden, der wie die Predigerbrüder den religiössozialen und kulturellen Bedürfnissen und Erwartungen der städtischen Bevölkerung entgegenkam, war die Gemeinschaft des heiligen Franziskus zu einer angesehenen Institution im gesellschaftlichen Leben der europäischen Städte geworden. In ihren prächtigen Stadtkirchen kam die Integration auch architektonisch zum Ausdruck.

Antwort auf die »franziskanische Frage«

Die weitverbreitete Auffassung, Franzens Anliegen sei durch die Römische Kurie und die konservativen Kräfte im Orden verfälscht oder wenigstens umgeformt worden, wurde in diesem Buch aufgegriffen und als »franziskanische Frage« in die Untersuchungen eingeführt. Sie soll zum Schluß zusammenfassend beantwortet werden. Entsprechend der Unterscheidung zwischen Person- und Werkideal kann die Antwort in zwei Schritten erfolgen.

Der Orden der Minderen Brüder als erfolgreichster mittelalterlicher Bettelorden hat mit der ursprünglichen Gestalt der franziskanischen Bruderschaft natürlich wenig mehr zu tun. Der viel zitierte dramatische Kampf Franzens gegen einen evangelienwidrigen Zwang durch die Römische Kurie ist jedoch für diese Umformung nicht verantwortlich zu machen. Der Schauplatz des »Dramas« waren die Städte und nicht die Römische Kurie, vor der Franziskus sein »Leben des Evangeliums« verfochten haben soll. Die städtische Gesellschaft nahm sich fördernd der franziskanischen Bruderschaft an und machte sie den eigenen religiös-politischen Interessen dienstbar. Ihren verschiedenen Bedürfnissen wäre mit einer Bruderschaft nach Art des Johannes Bonus nicht geholfen gewesen.

In der allmählichen Integration spielte die Armut und Besitzlosigkeit der Bruderschaft eine wichtige Rolle. Vom Ansatz her war die Besitzlosigkeit als Mittel der asketischen Freiheit für das Leben des Evangeliums gedacht und sollte vor der Integration ins System der städtischen Gesellschaft schützen, in der die Bettler die Rolle von Außenseitern spielten. Doch die Bettelarmut der franziskanischen Brüder hatte neben dieser sozialen Seite auch noch eine religiöse, die sich davon nicht trennen ließ und auch gar nicht getrennt werden sollte. Als konkrete Ausformung der Nachfolge Jesu war und blieb sie im Verständnis der Zeit ein frommes Werk. Am frommen Werk asketischer Büßer war jedoch auch die fromme und religiöse Gesellschaft der mittelalterlichen Städte interessiert. Was als Schutz vor »Verweltlichung« gedacht war, wandelte sich, unmerklich zunächst, zum Mittel neuer Integration. Bettelarmut wurde zum Tauschgeschäft und zur Stellvertretung.

Übrigens klang dieser Bezug auch bei Franziskus selber schon an in dem Gedanken des Armenrechts auf das Almosen: »Und das Almosen ist das Erbe und der gerechte Anteil, der den Armen zusteht, den unser Herr Jesus Christus uns erworben hat. Und die Brüder, die sich abmühen, es zu sammeln, werden großen Lohn erhalten und lassen die Spender gewinnen und erwerben. Denn alles, was die Menschen in der Welt zurücklassen werden, wird vergehen, aber für die Wohltätigkeit und die Almosen, die sie gegeben haben, werden sie Lohn vom Herrn erhalten« (Nichtbullierte Regel 9,8–9). Die *Dreigefährten* lassen gar Franziskus über die Reichen sagen: »Herren werden sie genannt, insofern sie die Guten, denen sie das zum Leben Notwendige gewähren, unterstützen, das Bußleben zu führen« (Dreigefährten 58). Damit aber wurde der durch den Bettel sozial deklassierte Minderbruder in der Gestalt des Almosenempfängers wieder zum sozial Integrierten. Ein Kompensationsgeschäft der Stellvertretung bahnte sich an, das auch bei den Katharern und Waldensergemeinschaften galt. Der asketisch-religiöse Bund der Minderbrüder mit der heiligen Armut wurde vergesellschaftet. In dieser Begegnung von asketischer Freiheit und Stadt übernahmen die Bettelorden jene Funktion, die der asketisch-monastischen Lebensweise von Anfang an zugedacht war: der Reiche gibt den Armen Christi von seinem Besitz um des Himmelreiches willen. Was aber in Antike, Früh- und Hochmittelalter nur dem kleinen Kreis der Besitzenden möglich war, kehrte, gleichsam demokratisiert, wieder. Auch kleine Leute konnten sich mit dem Almosen für die frommen Asketen einen Lohn im Himmel erwerben.

Durch den religiösen Zusammenhang von Bettel und Almosen war die Integration der franziskanischen Brüder ins gesellschaftliche System vorprogrammiert. Doch die allmähliche Umwandlung in einen erfolgreichen Bettelorden ist damit noch nicht erklärt.

Sofern man in der Umwandlung einen Abfall von dem hohen Ideal Franzens und seiner Bruderschaft sieht, macht man dafür verschiedene Schwächen der Bruderschaft und des heiligen Franziskus wenig ausgeprägtes Organisationstalent verantwortlich. Die Ziele und Aufgaben seien zu wenig klar formuliert worden. Leute mit unterschiedlichstem Bildungsstand hätten Aufnahme gefunden; neben Männern, denen es um apostolische Aktivität ging, habe man auch den Eremiten Platz gemacht. Deren Anliegen schien Franziskus mit der *Regel für Einsiedeleien* auch noch ausdrücklich zu bekräftigen. Eine fragmentarische und unterentwickelte Regel sei immer weniger imstande gewesen, der ständig wachsenden Zahl von Brüdern verbindliche Weisungen zu geben und habe die Oberen in entfernten Provinzen zur Selbsthilfe gezwungen. Vor allem die große Zahl habe zum Verfall des Ideals und seiner Reduzierung auf ein erträgliches Mittelmaß geführt.

Von der »sehr großen Schar«, zu der Gott den Orden anwachsen lasse, ist in der frühen Franziskuserzählung oft die Rede (vgl. 1 Celano 27–28). Doch es fehlt auch nicht ganz die Angst davor: »Auf die Wahrung der Armut bedacht, fürchtete der Mann Gottes die große Anzahl, die den Schein des Reichtums erweckt, wenn er auch in Wirklichkeit nicht da ist. Deswegen pflegte er zu sagen: ›Könnte es doch geschehen – mein Wunsch wäre es –, daß die Welt nur ganz selten Minderbrüder sähe und ihnen infolge ihrer geringen Zahl Bewunderung zollte!‹« (2 Celano 70). Mit der großen bzw. kleinen Zahl ist jenseits aller vorhandenen Schwächen der frühen franziskanischen Bruderschaft ein grundsätzliches Problem angerissen. Mit den wenigen Minderbrüdern, die nur selten die Menschen zu Gesicht bekommen sollten, mochte dem asketisch-eremitischen Ideal Genüge getan werden. Das asketischsoziale sowie das pastorale Ideal jedoch war auf die Zukehr zu den Menschen ausgerichtet.

So spiegelt sich in der langsamen Umwandlung der Bruderschaft zum Orden der Minderbrüder die asketisch-monastische Geschichte. Am Anfang stand wie bei jedem reformerischen Aufbruch die asketische Absetzung von der Welt und damit auch von den überlieferten Formen des klösterlichen Lebens. Im asketischen Elan wurde deren Gestalt mitsamt ihren Regeln zersetzt und das »Leben des Evangeliums« neu definiert. Damit war zunächst die franziskanische Bruderschaft scharf von den alten Orden abgehoben. Doch die in den zeitgenössischen Quellen vielzitierte unerhörte Neuheit und Andersartigkeit war ein Schlagwort, das zur Geschichte der monastischen Bewegung gehörte. Denn jeder Reformgruppe wurde vorgeworfen, sie sei eine unerhörte Neuerung. Neu und anders waren die ersten Franziskaner sicherlich. Doch mit der Neudefinition des »Lebens des Evangeliums« war über ihre Zukunft noch nichts entschieden. Die durchschlagende Wirksamkeit hing von der Einwurzelung in die sozialen, wirtschaftlichen und kulturellen Bedürfnisse der Umwelt ab.

Die gelungene Einwurzelung der Minderbrüder besagt, daß das im Blick auf das städtische Leben definierte »Leben des Evangeliums« den Bedürfnissen der städtischen Gesellschaft dienstbar gemacht werden konnte. Die Entwicklung der Bruderschaft zum Orden der Minderbrüder verblieb also im Rahmen der Reformgeschichte des abendländischen Mönchtums mit ihrem unaufhebbaren Bezug zwischen dem Asketismus und einer Gesellschaft, die sich religiös verstand. Der Asketismus als Emanzipation aus den »Zwängen der Welt« trieb von seiner Zielsetzung her zu einer neuen »Manzipation«. Sie wurde in der städtischen Niederlassung vollzogen, mit der in anderer Weise das alte adelige und landsässige Kulturkloster wiederkehrte.

An der Verformung zum Erfolg hatte die Mehrheit unter der wachsenden Zahl der Minderbrüder ein Interesse. Denn ihre Lebensweise bot neben der Verheißung des himmlischen Lohnes auch Chance zum Aufstieg, versprach Anerkennung und Geltung in der Gesellschaft. Natürlich kam eine solche Entwicklung auch der Kurie gelegen und wurde von ihr nach Kräften gefördert. Denn trotz aller Interessengegensätze im einzelnen bildeten Kirche und Gesellschaft des 13. Jahrhunderts ein System, in dem der religiöse Grundkonsens alles Disparate noch zu integrieren vermochte. Wie die Förderung der Bettelorden insgesamt, so zielte auch die der Minoriten auf Verfügbarkeit für die kirchlichen und politischen Interessen der Kurie. In Ketzerkampf und Kreuzzugspredigt erschöpften sich jedoch die Dienste nicht! Verlebendigung des Glaubens durch Predigt und Beichte gehörte ebenso zum Programm.

Wie aber verhielt sich Franziskus zu der noch zu seinen Lebzeiten sich abzeichnenden Verformung seines Werkideals? Da die Veränderungen nicht als Ergebnis massiven Drucks seitens der Kurie und des Kardinalprotektors des Ordens anzusehen sind, können alle Hinweise auf Franzens demütige Kirchentreue, die ihn im Gehorsam den »tödlichen Schlag« hinnehmen und nicht in die Ketzerei abwandern ließ, außer acht gelassen werden. Vielmehr ist davon auszugehen, daß Franziskus zunächst die Ausfaltung seines »Lebens des Evangeliums« in konkrete Vorschriften nicht nur hinnahm, sondern den Regulierungsprozeß von den Anfängen der *Nichtbullierten Regel* bis zur *Bullierten Regel* mittrug. Das regulierte Leben des Evangeliums sah er in Übereinstimmung mit »der Vorschrift des heiligen Evangeliums«, nach der er leben sollte (vgl. Testament 14–15), oder, um es mit dem von Celano gebrauchten Bild zu sagen: die Regel als eine aus den Brosamen des Evangeliums geformte Hostie (vgl. 2 Celano 209).

Gegenüber weiteren regulierenden Anpassungen an die Bedürfnisse der Brüder, von denen der größte Teil längst nicht mehr in dem überschaubaren Raum um Assisi lebte und wirkte, scheint Franziskus jedoch am Ende Widerspruch angemeldet zu haben. Die Worte im *Testament* vermitteln einen solchen Eindruck: »Und der Generalminister und alle anderen Minister und Kustoden seien im Gehorsam gehalten, zu diesen Worten nichts hinzuzufügen oder wegzunehmen. Und immer sollen sie dieses Schriftstück bei sich haben neben der Regel. Und auf allen Kapiteln, die sie halten, sollen sie auch diese Worte lesen, wenn sie die Regel lesen. Und allen meinen Brüdern, Klerikern und Laien, befehle ich streng im Gehorsam, daß sie keine Erklärungen zur Regel und auch nicht zu diesen Worten hinzufügen, indem sie sagen: So wollen sie verstanden werden. Sondern wie mir der Herr gegeben hat, einfältig und lauter die Regel und diese Worte zu sagen und zu schreiben, so sollt ihr sie einfältig und ohne Erklärung verstehen und mit heiligem Wirken bis ans Ende beobachten« (Testament 35–39). Wenn Franziskus jede Weiterentwicklung der Regel ausgeschlossen wissen wollte, dann wären die Spiritualen seine Testamentwahrer gewesen. Bis zur Besessenheit verteidigten deren Wortführer, wie etwa Angelus Clarenus († 1337), die Identität von *Bullierter Regel* und heiligem Evangelium. Damit wurde das gesetzliche Verständnis des Evangeliums auf die Spitze getrieben. Und wenn Franziskus so gedacht hätte, wäre die Mehrheitspartei seines Ordens mit Recht über das *Testament* des Stifters hinausgeschritten, um durch Papst Gregor IX. mit der Bulle »Quo elongati« vom 28. September 1230 die Verbindlichkeit des *Testaments* aufheben zu lassen. Denn die päpstliche Erklärung ermöglichte die Fortschreibung der Gesetzgebung und ihre Angleichung an neue und andere Gegebenheiten. Sie trug dem besonderen Charakter der franziskanischen Regel, die Grunddokument und Lebensregel in einem war, dadurch Rechnung, daß sie weitere Regelerklärungen zuließ. Sie machte den Weg frei zur Gesetzgebung mittels Statuten und Konstitutionen wie im Predigerorden und in anderen Korporationen der Zeit. Die auf den Buchstaben der Regel versessene Gruppe des Ordens hätte mit ihrer »Regeltreue« dem Orden nicht die Frische und Ursprünglichkeit einer »freien und brüderlichen Gemeinschaft« erhalten, sondern ihn ins Abseits der Wirkungslosigkeit gedrängt. Ob das *Testament* in dem angedeuteten Sinne verstanden werden muß, ist in der Forschung strittig. An sich jedoch ist diese Frage, zu deren stichhaltiger Begründung die vorhandenen Quellen kaum ausreichen dürften, gar nicht so wichtig. Von welchem Menschen wird denn verlangt, ein über den Tag hinausreichendes Haus zu bauen, das in unveränderter Form nachkommenden Generationen zur Bleibe dienen soll? Franziskus hatte zunächst sein eigenes Haus zu bestellen. Er hat sein eigenes Leben gelebt und darin spontan und unverwechselbar sein Charisma ins Spiel gebracht. Es ist seine Frömmigkeit, durch die er absichtslos den Menschen seiner Zeit einen unvergeßlichen Eindruck hinterließ. Durch sie hat Franziskus über den Tag hinaus gewirkt.

»Frage auf eine Antwort« heißt es im Titel dieses Buches. Damit soll nicht angedeutet werden, Franziskus stehe wie ein Fragezeichen hinter jenem Orden, der sich auf ihn als Stifter beruft. Das wäre eine allzu vordergründige Auskunft. Das Verhältnis zwischen Stifter und Orden bzw. Ursprung und Wandel läßt sich nicht auf eine so einfache Formel bringen. Die Frage zielt in andere Richtungen. Da gibt es die rasch hingesagten Antworten vom heiligen Franziskus als Boten des naturfrommen einfachen Lebens; von seinem persönlichen Christsein abseits der Kirche; den Lobpreis auf einen unvergleichlichen Heiligen und auf den Nachfolger Jesu, der in letzter Radikalität das Evangelium lebte. Die Rede von Nachfolge und Evangelium trifft natürlich den Kern der Sache; in der Beschreibung je-

doch kommt man meist über rhetorische Allge-
meinheiten nicht hinaus und gerät schnell in die
Nähe des akosmischen Asketismus. Verbreitet ist
gegenwärtig die modern-gnostische Vereinnah-
mung Franzens: der Poverello als Patron alternativen Protestes. Alle Franziskus-Bilder und -Antwor-
ten können sich in diesem und jenem Detail auf
den Heiligen aus Assisi und die Erzählungen der
Frühzeit berufen. Doch allzu leicht gerät der schöpferische Rückgriff zum Mißgriff, wenn man nicht
um die historischen Bedingungen und Bedingthei-
ten einer geschichtlichen Gestalt und ihres Werkes
weiß. Sie aufzuhellen und damit so manche allzu
selbstverständliche Antwort in Frage zu stellen ist
die Absicht dieses Buches.

Hinweise zu Quellen und Literatur

K. E s s e r , Die opuscula des heiligen Franziskus von Assisi. Neue textkritische Edition (Spicilegium Bonaventurianum Bd. 13), Grottaferrata 1976. – Diese Edition liegt zugrunde der deutschen Ausgabe: Die Schriften des heiligen Franziskus von Assisi. Hrsg. von L. H a r d i c k / E. G r a u (Franziskanische Quellenschriften Bd. 1), 6. Aufl. Werl 1980. – Alle Zitate aus und Titelverweise auf Franzens Schriften beziehen sich auf diese Ausgabe. – Nach den von den deutschen Franziskanern besorgten deutschen Ausgaben sind zitiert *Celano* = Thomas von Celano. Leben und Wunder des heiligen Franziskus von Assisi. Hrsg. von E. G r a u (Franziskanische Quellenschriften Bd. 5), 3. Aufl. Werl 1980; *Großes Franziskusleben* = Franziskus. Engel des sechsten Siegels. Sein Leben nach den Schriften des heiligen Bonaventura. Hrsg. von S. C l a s e n (Franziskanische Quellenschriften Bd. 7), Werl 1962; *Dreigefährten* = Die Dreigefährtenlegende des heiligen Franziskus. Die Brüder Leo, Rufin und Angelus erzählen vom Anfang seines Ordens. Hrsg. von S. C l a s e n / E. G r a u (Franziskanische Quellenschriften Bd. 8), Werl 1957; *Chronik* = Nach Deutschland und England. Die Chronik der Minderbrüder Jordan von Giano und Thomas von Eccleston. Hrsg. von L. H a r d i c k (Franziskanische Quellenschriften Bd. 6), Werl 1957; Der Bund des heiligen Franziskus mit der Herrin Armut. Hrsg. von K. Esser/E. Grau (Franziskanische Quellenschriften Bd. 9), Werl 1966. – Die *Fioretti*, die in den Franziskanischen Quellenschriften nicht vorliegen, sind zitiert nach O. Karrer, Franz von Assisi. Legenden und Laude, Zürich [6]1973; Zitate aus der *Compilatio Assisiensis* sind aus der lateinischen Fassung direkt übersetzt (= Ed. von M. Bigaroni, Porziuncola 1975); gleiches gilt von allen anderen Zitaten. Die Zitate aus der Benediktregel sind entnommen aus: Die Benediktregel. Lateinisch-deutsch. Hrsg. von B. Steidle, 3. Aufl. Beuron 1978.

In den angeführten Franziskanischen Quellenschriften finden sich zur Sache gute Einführungen und Hinweise auf weiterführende Literatur. Bezüglich Rang und Reihenfolge der Legenden ist immer noch brauchbar W. Goetz, Die Quellen zur Geschichte des heiligen Franziskus von Assisi, Gotha 1904; ausführlich zur nachbonaventurianischen Überlieferung: S. Clasen, Legenda antiqua S. Francisci. Untersuchungen über die nachbonaventurianischen Franziskusquellen (Studia et documenta franciscana 5), Leiden 1967. Um Aktualisierung franziskanischer Spiritualität geht es A. Rotzetter/W. C. van Dijk/T. Matura, Franz von Assisi. Ein Anfang und was davon bleibt, Zürich-Einsiedeln 1981.

Zu der »franziskanischen Frage«, wie sie in der vorliegenden Untersuchung verstanden und behandelt wird, vgl. K. Esser, Anfänge und ur-

sprüngliche Zielsetzungen des Ordens der Minderbrüder (Studia et documenta franciscana 4), Leiden
1960; R. M a n s e l l i, Nos qui cum eo fuimus. Con-
tributo alla questione francescana, Rom 1980; San
Francesco nella ricerca storica degli ultimi ottanta
anni, Todi 1971 (= Publikation des 9. internationalen Kongresses der Academia Tudertina, Todi
13.–16. Oktober 1968). Für Mentalitäts-, Sozial- und
Frömmigkeitsgeschichte des Mittelalters sind die
Publikationen dieser Convegni del centro di studi
sulla spiritualità medievale wichtig; gleiches gilt bezüglich der Cahiers de Fanjeaux – bisher 26 Bde.
(Toulouse 1966–1991), die für den südfranzösischen Raum über Häresie, Frömmigkeit, Dominikaner usw. handeln. Direkt mit Fragen der Franzis-
kus- und Franziskanerforschung befassen sich die
Kongresse der Società internazionale di studi fran-
cescani, die in Assisi abgehalten werden. Davon
sind in unscrem Zusammenhang wichtig: Bd. 1, La
questione francescana da Sabatier ad oggi, Assisi
1974; Bd. 2, La povertà del secolo XII e Francesco
d'Assisi, Assisi 1975, Bd. 3, Chi erano gli spirituali,
Assisi 1976; Bd. 4, Francesco d'Assisi e Francescanesimo dal 1216 al 1226, Assisi 1977; Bd. 6, Espan-
sione del Francescanesimo tra occidente e oriente
nel secolo XIII, Assisi 1979; Bd. 5, Assisi al tempo di
San Francesco, Assisi 1978; Bd. 7, Movimento reli-
gioso femminile e Francescanesimo nel secolo XIII,
Assisi 1980; Bd. 8, Francescanesimo e vita religiosa
dei laici nel '200, Assisi 1981. – Zum monastischen
Selbstverständnis und zur Formgeschichte vgl. K.
S. F r a n k, Grundzüge der Geschichte des christlichen Mönchtums (Grundzüge Bd. 25), 4. Aufl.

Darmstadt 1983. Ausführliches zur monastischen Bewegung und Reform des 11./12. Jahrhunderts in den verschiedenen Bänden der Miscellanea del Centro di Studi Medioevali, Bd. 1: La vita commune del clero nei secoli XI e XII, Mailand 1962; Bd. 4: L'Eremitismo in occidente nei secoli XI e XII, Mailand 1965; Bd. 5: I Laici nella »societas christiana« dei secoli XI e XII, Mailand 1968; Bd. 6: Il Monachesimo e la riforma ecclesiastica (1049–1122), Mailand 1971; Bd. 8: Istituzioni monastiche e istituzioni canonicali in occidente (1123–1215), Mailand 1977. Ferner G. G. Meersseman, Ordo fraternitatis. Confraternite e pietà dei laici nel medioevo (Italia Sacra Bd. 24–26), Rom 1977.

Wichtige Neuerscheinungen seit 1981: Concilium 17 (1981), Heft 11; verschiedene Beiträge zu Franz von Assisi unter dem Aspekt der Spiritualität; L. Boff, Zärtlichkeit und Kraft. Franz von Assisi mit den Augen der Armen gesehen, Düsseldorf 1983. L. Lehmann, Tiefe und Weite. Der universale Grundzug in den Gebeten des Franziskus von Assisi (Franziskanische Forschungen Bd. 29), Werl 1984; R. Manselli, Franziskus. Der solidarische Bruder, Einsiedeln 1984. Franz von Assisi. Herausgegeben, übersetzt und eingeleitet von E. Hug und A. Rotzetter, Olten 1984. Franz von Assisi und die Armutsbewegung seiner Zeit. Symposien der Internationalen Kommission für vergleichende Kirchengeschichte – Subkommission Österreich. Neue Folge Bd. 1, Wien 1987.